1 일 만에 끝내는

유튜브 왕초보 탈출과

스마트폰

영상 촬영+편집

저자 직강
동영상
18강 제공

2판
개정 증보판

초보 유튜버에게 가장 편리한 유튜브 동영상 편집 어플 '비타 vita'

채수창 지음

1일 만에 끝내는
유튜브 왕초보 탈출과
스마트폰 영상 촬영+편집

초판 2쇄 인쇄 | 2023년 10월 30일

지 은 이 | 채수창
발 행 인 | 김병성
발 행 처 | 앤써북
편 집 진 행 | 조주연
주   소 | 경기 파주시 탄현면 방촌로 548
전   화 | (070)8877-4177
팩   스 | (031)942-9852
등   록 | 제382-2012-0007호
도 서 문 의 | answerbook.co.kr

I S B N | 979-11-93059-10-4 13000

안내 드립니다!
· 이 책에 내용을 기반으로 실습 및 운용 결과에 대해 저자, 소프트웨어 개발자 및 제공자, 앤써북 출판사, 서비스 제공자는 일체의 책임 지지 않음을 안내드립니다.
· 이 책에 소개된 회사명, 제품명은 각 회사의 등록 상표 또는 상표이며 본문 중 TM, ©, ® 마크 등을 생략하였습니다.
· 이 책은 소프트웨어, 플랫폼, 서비스 등은 집필 당시 최신 버전으로 설명하였습니다. 단, 독자의 학습 시점에 따라 책의 내용과 일부 다를 수 있습니다.

Prologue
머리말

언제까지 배우기만 하실 건가요? YouTube는 뛰어난 사람들만 하는 거라구요?

미래는 영상이 지배하는 시대입니다. 2~30대의 젊은 사람들은 물론, 4~50대 중장년층도 모두 YouTube를 하는 시대입니다. 지금 자라나고 있는 아이들이나 청소년들은 문자보다 영상에 익숙합니다. 초등학생만 되더라도 모두들 개인 YouTube 채널을 가지고 있습니다. 이 개인 채널을 통해서 우리가 문자를 보내고 톡을 보내듯이 서로 소통합니다. 어릴 때부터 손쉽게 쥐어주던 스마트폰 영상 때문이 아닙니다. 기술의 발전으로 아이들은 영상이 더 익숙한 매체가 된 것입니다.

새로운 것들을 배우려고 할 때, 궁금한 것이 있을 때 구글이나 네이버에서 검색하던 모든 내용을 이제는 YouTube에서 검색합니다. 이런 현상은 앞으로 더욱 심해질 것입니다. 미국 학생들의 경우 컴퓨터를 사용하는 시간 중에서 YouTube를 시청하는 시간이 총 사용시간의 90%이상을 차지하고 있습니다. 장래 희망을 묻는 질문에서도 '크리에이터'가 5위 안에 들어가는 현실입니다. 물론 우리나라의 경우도 마찬가지입니다.

앞으로는 영상이 대세인 시대에, 우리는 YouTube에 대해 너무 환상을 갖거나 두려움을 갖고 있습니다. 영상 촬영 및 편집에 대해서는 더욱 그렇습니다. 이 책은 이러한 이유에서 만들었습니다. 이러한 두려움을 없애고 손쉽게 YouTube를 시작하고 영상을 촬영, 편집할 수 있도록 만드는 것이 목적입니다.

가장 쉽게 YouTube를 개설하고 성장시키는 방법을 찾고, 어떻게 하면 쉽게 영상을 촬영하고 편집할 수 있는지 알려드리기 위해서 만들었습니다. 오랜 시간을 필요로 하지 않습니다. 짧게는 3일, 길어도 일주일이면 누구나 가능합니다. 문제는 실천입니다. 더 이상 좋은 방법만을 찾으러 다니지 말아야 합니다.

이 책은 크게 두 개의 주제를 다룹니다. YouTube 시작부터 구독자 수 증가와 조회 수, 시청 지속시간을 늘리는 방법 등을 1일차에서 다룹니다. 2~3일차에는 스마트폰으로 하는 영상 촬영과 편집에 대해 다룹니다.

첫 번째 주제를 다루는 1일차에서는 YouTube를 처음 접하는 사람들을 기준으로 시작 단계부터 설명했습니다. 채널이 개설되면 어떻게 해야 내 채널을 성장시킬 수 있는지 구체적으로 방법을 제시하고 있습니다. 구독자 수, 시청 지속시간, 조회 수, 어뷰징, 제목과 썸네일 만드는 방법 등에 대해 설명합니다. YouTube에서 부딪힐 수 있는 여러 가지 상황에 대해 말씀 드립니다.

두 번째 주제인 스마트폰을 이용한 영상 촬영과 편집 부분에서는, 유료 프로그램이 아니지만 전문가적인 편집 프로그램인 VITA를 기준으로 설명합니다. 각각의 메뉴부터, 우리가 자주 사용하는 편집 방법에 대해 기초(2일차)와 심화(3일차)로 나누어서 설명합니다. 단계별로 따라하다 보면 어느새 전문가가 되어 있는 자신을 발견하게 될 것입니다.

마지막 단원에서는 첫 번째 주제의 연장으로 'YouTube Shorts'와 'YouTuber가 알아야 할 저작권'에 대해 말씀 드립니다. 새로운 트렌드로서의 Shorts와 갈수록 중요한 사항이 되고 있는 '저작권' 관련해서 자세하게 다룹니다.

이제는 영상, YouTube가 대세인 세상입니다. YouTube를 대신하기 위해 많은 다른 플랫폼들이 만들어 지고 있지만 그 영향은 아주 작습니다. YouTube는 특별한 사람들과 뛰어난 크리에이터들의 공간이 아닙니다. 누구든지 영상을 만들고 올릴 수 있습니다. 내가 올린 영상으로 또 다른 수익을 만들 수 있습니다. 기업적인 YouTuber라면 좀 더 전문가용 프로그램이 필요하겠지만, 초보 YouTuber나 일정 정도 수준의 YouTuber를 위한 영상을 편집하기에는 프로그램 VITA로 충분합니다.

다시 말씀드리지만 YouTube를 성장시키고, 그 성장을 통해 수익을 창출하는 일과, 스마트폰 만으로도 가능한 영상 촬영과 편집을 성공하는 길은 요행이 없습니다.
바로 실천 하는 것이 답입니다. 지금 즉시 스마트폰을 손에 들고 시작하세요.

채수창

A meeting with the author

저자와의 만남

책을 보면서 궁금한 내용은 저자가 운영하는 공식 블로그의 댓글, 카카오톡 1:1 오픈채팅방을 통해서 문의하고 답변 받을 수 있습니다. 또한 저자의 스마트폰 영상 촬영 편집 강좌 등 다양한 정보를 공유할 수 있습니다.

- 책 쓰는 사진가 채작가의 블로그 https://blog.naver.com/cch60

▲ 바로가기 QR 코드

- 책 쓰는 사진가 채작가의 오픈채팅방 https://open.kakao.com/o/sylKpN5c

▲ 바로가기 QR 코드

Contents

목차

Contents

목차

3
교시

YouTube 영상을
더욱 세련되게 만드는 편집

Contents

목차

1교시에서는 YouTube 시작부터 채널 성장까지 모든 내용에 대해 말씀드리고, 스마트폰으로 영상 촬영을 하기 위한 스마트폰 기본 설정에 대해 알아봅니다.

YouTube 시작과
스마트폰 영상 촬영
준비 및 장비

01

YouTube 시작하기

'YouTube, 어려우시죠?'

주변에서 너도나도 YouTube를 한다고 말을 합니다. 누구는 'YouTube로 돈을 얼마 벌었네'하는 말이 들립니다. 나도 한 번 내가 좋아하는 것들로, 내 관심사로 YouTube를 해볼까 생각합니다. 하지만 막상 시작하기에 겁이 덜컥 납니다. 어디서부터 시작해야 할지, 무엇을 해야 할지 고민입니다. 채널 개설은 어떻게 해야 하는지, 브랜드 채널이 무엇인지, YouTube는 어떻게 꾸며야 하는지 궁금합니다. 또 영상은 어떻게 만드는지 쉽지 않습니다.

YouTube는 나이와 신분에 제한 없이 누구나 사용가능 한 동영상 공유 플랫폼입니다. 요즘 대부분의 사람들은 필요한 모든 정보들을 YouTube에 서 찾아봅니다. 궁금한 것들이나 필요한 강의 등 거의 모든 것들이 YouTube에 넘쳐납니다. YouTube를 시작한다는 건 뛰어난 창작 능력을 가진 사람들의 전유물이 아닙니다. 젊은 세대는 물론 4,50대의 중장년층이나 나이 드신 할머니들도 YouTube를 하는 세상입니다.

그럼 어떻게 해야 쉽게 YouTube를 시작할 수 있을까요? YouTube에 필수인 동영상을 어떻게 하면 쉽게 만들 수 있을까요? 이제부터 YouTube를 시작할 때 알아야 할 것들에 대해 살펴보겠습니다. YouTube 시작인 채널 개설부터 꾸미기를 알아보고, 동영상을 예제에 따라 쉽게 만드는 방법을 배워보도록 하겠습니다. 물론 오랜 시간도 필요하지 않고 비용은 하나도 들지 않습니다.

1 _ YouTube 시작은 채널 개설부터

YouTube 채널은 다른 말로 하면 YouTube 홈페이지입니다. YouTube 채널은 개인채널과 브랜드 채널로 나뉩니다. 개인 채널은 Google에 가입한 모든 사용자가 만들 수 있습니다. 단, 구글 계정을 만들었다고 해서 개인 채널이 자동으로 생성되는 것은 아닙니다. 내가 직접 정보를 입력하고 승인해야만 개인 채널이 만들어집니다. 물론 YouTube를 보는 것은 구글 계정이 없어도, 개인 채널이 없어도 가능합니다. 하지만 동영상을 올리거나 댓글을 달려면 구글 계정이 필요합니다.

개인 채널을 브랜드 채널로 변경하기

개인 채널 만들기

1 컴퓨터나 스마트폰에서 Google 계정으로 로그인 한 다음(구글 계정이 없을 경우 구글에서 계정을 만듭니다.), YouTube로 이동합니다.

2 우측 상단의 프로필 사진을 클릭해서 메뉴 중 '내 채널'을 클릭합니다.

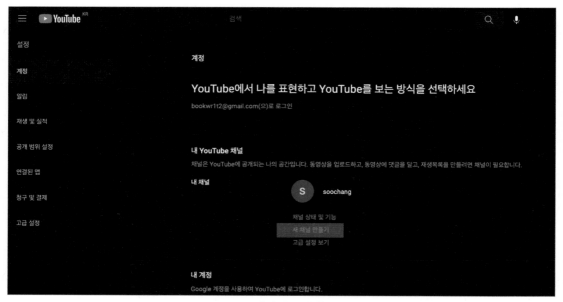

◆ Google 계정 생성 및 완료 화면

◆ Google 로그인 후 YouTube 메인 화면

③ YouTube 메인 화면 오른쪽 상단 '프로필' 사진을 클릭하면, '채널 만들기'가 나옵니다.

④ 사진은 나중에 올려도 되니까 우선 채널을 만들겠습니다.

5 이름 창에 나온 이름으로 할 것인지 결정하고 채널을 만듭니다. 이름도 나중에 변경 가능합니다.

6 채널이 완성되면 내 채널 메인페이지, 즉 내 YouTube 홈페이지가 보입니다.

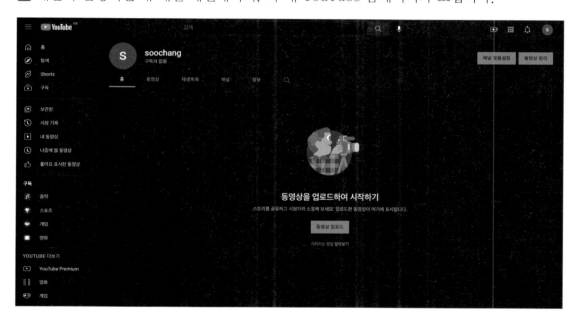

7 우측 상단 '채널 맞춤설정'을 눌러, 채널에 대한 세부 정보들을 설정할 수 있습니다. 레이아웃은 내 채널 대문 디자인이라 생각하시면 됩니다. 브랜딩은 내 채널에 대한 채널아트, 즉 프로필 사진, 대문 이미지 등을 만드는 것입니다. 맨 우측의 기본정보를 눌러 내 채널에 대한 소개와 내 채널 주소, 그리고 Instagram이나 Twitter등에 대한 링크, 연락처를 표시할 수 있습니다.

이제 YouTube 개인 채널이 완성됐습니다. 앞으로 동영상을 올리거나, 다른 YouTube 동영상에 '댓글과 좋아요'를 누를 수 있습니다.

브랜드 채널 만들기와 개인 채널을 브랜드 채널로 바꾸기

그럼 이제부터는 브랜드 채널을 만들어 보도록 하겠습니다. 개인 채널과 브랜드 채널의 차이는 쉽게 말해서, 개인적인 것인가 아니면 상업적인 것인가의 차이입니다. 개인 채널도 광고 수익은 발생할 수 있지만, 우리는 더 큰 꿈을 가진 사람들이므로 브랜드 채널이 필요합니다.

(1) 개인 계정(채널)

개인 채널은 단 한 개의 채널만 생성이 가능합니다. 채널 명을 설정할 때 성과 이름을 구분해서 지어야 합니다. 브랜드 채널은 여러 명이 동영상 관리를 할 수 있지만, 개인 채널은 본인만 가능합니다.

(2) 브랜드 계정(채널)

브랜드 채널은 상업적 용도 채널이므로 200개 까지 생성 가능합니다. 채널 명을 설정할 때 원하는 이름을 성과 이름 구분 없이 만들 수 있습니다. 채널 운영에 필요한 공동 관리자를 설정해서 동영상 관리를 할 수 있습니다.

(3) 개인 채널은 그대로 두고 브랜드 채널을 만드는 방법

1 YouTube 홈 화면 우측 상단의 프로필 아이콘을 클릭합니다.

2 설정을 눌러 나온 화면에서 중간 정도에 보이는 '새 채널 만들기'를 누릅니다.

◆ 브랜드 채널 개설하기

3 새로 만들 채널 이름을 쓰고 만들기 버튼을 클릭합니다.

4 내 개인 채널은 위에 'soochang'이라고 있는 것이 보입니다.

5 채널 이름이 '테스트'인 브랜드 채널이 만들어 졌습니다.

◆ 브랜드 채널 생성

(4) 개인 채널을 브랜드 채널로 전환하는 방법

1 YouTube 홈 화면에서 프로필 아이콘 클릭 후 '설정'을 누릅니다.

2 설정화면 좌측 메뉴 맨 아래쪽 '고급설정 / 채널이전–브랜드 계정으로 채널 이전'을 누릅니다.

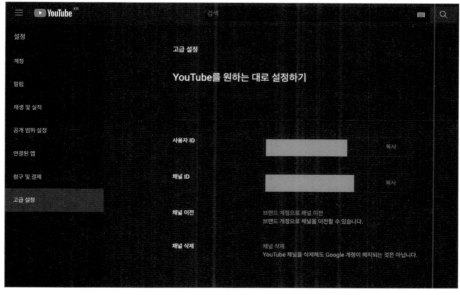

3 화면에 내가 소유한 개인 채널과 브랜드 채널이 보입니다. 윗부분에 있는 '내 채널'이 아래쪽의 브랜드 채널인 '테스트'로 이전되게 됩니다. 브랜드 채널 '테스트' 우측에 있는 '교체'를 누르면 채널이 이전됩니다. 이때 안내문이 나오는데, 브랜드 채널인 '테스트'를 삭제한다고 경고가 나옵니다. 당황할 필요 없이 '채널 삭제'를 누르면 내 개인 채널이 브랜드 채널로 합쳐지게 됩니다.

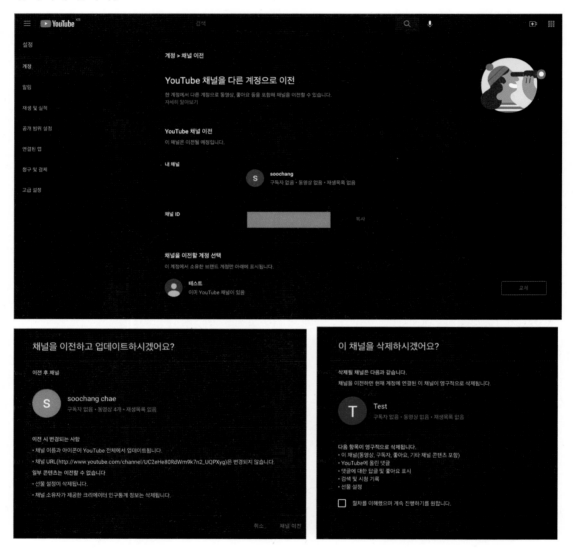

4 10분 정도 후 YouTube 홈 화면에서 프로필 아이콘을 눌러보면 '내 채널'이 나옵니다. 눌러보시면, '테스트'라고 만들었던 브랜드 채널이 없어지고 내 개인 채널이 브랜드 채널로 이전된 것이 보입니다. 이제부터 개인 채널에서 브랜드 채널로 운영이 가능합니다.

YouTube 계정 인증하기

YouTube는 계정(채널) 인증을 해야만 YouTube에서 제공하는 모든 기능을 사용할 수 있습니다. 채널을 인증하려면 전화번호를 입력한 후 SMS나 음성 통화를 통해 인증코드 확인을 해야 합니다. 채널이 인증되면 다음과 같은 작업을 할 수 있습니다.

- 길이가 15분을 초과하는 동영상 업로드 하기
- 맞춤 미리보기 이미지 추가하기
- 실시간 스트리밍
- 콘텐츠 ID 소유권 주장에 대한 항소

1 YouTube 홈 화면에서 프로필 아이콘 / 설정을 클릭한 후 좌측 메뉴 아래쪽 '설정'을 누릅니다. 설정 창이 뜨면 '채널' 메뉴를 누릅니다. '고급설정'에서 동영상 시청자 층은 '아니요 아동용이 아닙니다'에, 연령제한에서 '18세 이상으로 제한하지 않음'에 설정하셔야 합니다. 이렇게 하셔야 나중에 최종화면과 카드 등 홍보 삽입이 가능합니다.

2 맨 오른쪽 '기능사용 자격요건'을 눌러 '전화인증이 필요한 기능'을 눌러줍니다. 우측 아래쪽 '전화번호 인증'을 눌러 나오는 대로 하시면 YouTube 계정(채널) 인증이 완료됩니다.

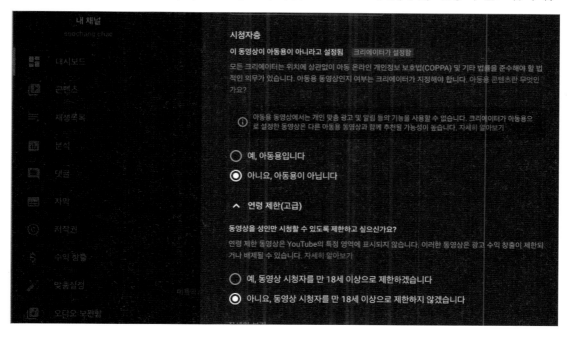

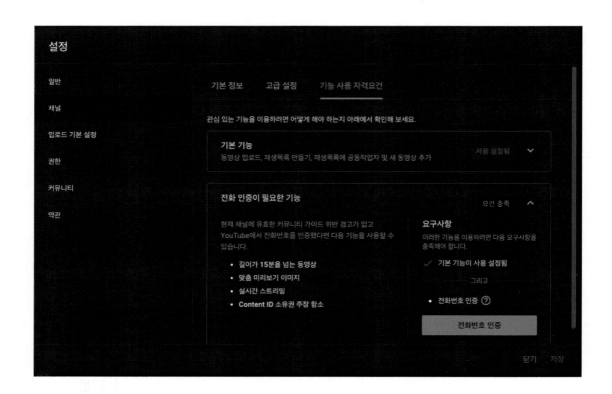

2 _ YouTube 채널 원하는 대로 디자인하기

내 YouTube 공식 이름, 채널 이름 짓기

채널 이름은 YouTube에서 사용하는 내 채널의 공식 이름입니다. 즉, 나를 대표하는 이름입니다. 채널 이름이 중요한 이유는 이 이름이 동영상, 채널 메인화면 및 검색 결과에 나오기 때문입니다. 또한 내가 업로드한 동영상을 보는 사람들이 '채널 이름'을 보고 내 YouTube 채널의 성격을 파악하기 때문입니다.

브랜드 채널은 채널 이름을 쉽게 바꿀 수 있지만 장기적인 관점에서 처음 신중하게 선택하는 것이 좋습니다.

❶ 채널 이름을 정하기 전, 리스트를 만들어 보고 먼저 검색을 한다

채널 이름을 정하기 전에 먼저 생각나는 리스트를 만들어 봅니다. 그런 후 하나하나 검색을 해서 이미 동일한 이름이나 비슷한 이름이 있는지 확인합니다. 이미 사용 중인 이름과 비슷하다면 뒤늦게 출발하는 입장에서 불리하기 때문이고, 사람들이 잘 기억하지도 못할 것이기 때문입니다.

❷ 채널 이름은 나를 대표하고 내가 가장 잘하는 것에서 만드는 것이 좋다

채널 이름은 내 정체성을 나타내는 표현입니다. 나를 대표할 수 있고, 내가 가장 잘 하는 것에서 만들어 보는 것이 중요합니다. 아니면 더 나아가 앞으로 내가 되고자 하는 사람이나 희망에서 이름을 유추합니다.

❸ 내가 올리는 동영상 내용과 관련 있는 이름이 좋다

채널 이름은 내가 올리는 동영상과 관련 있는 이름이 좋습니다. YouTube는 내가 재미있어 하는 모든 것들을 보여주는 것이 아닙니다. 내가 보여주고 싶지만, 보는 사람들이 재미있어하고 어떤 이득을 얻을 수 있는 채널이어야 합니다. 그래서 YouTube 채널의 주제는 일관된 것이 좋습니다. 더불어 채널 이름 또한 내가 올리는 동영상과 관련 있는 이름이면 더 좋습니다.

❹ 흔한 이름이 아닌 어디에도 없는 독특한 이름이면 좋다

독특한 이름이라고 해서 기억하기도 어려운 이름이어서는 안 됩니다. 간결하고 입에 착 달라붙는 이름이어야 합니다. 라임을 이용한다거나 단어를 재미있게 바꿔보는 것도 필요합니다. 오랜 시간 고민하고 고민해서 채널 이름을 만들어야 합니다.

❺ 채널 이름에 숫자나 기호 사용은 피한다

채널 이름에 숫자나 기호를 사용하게 되면 검색하기가 어려워집니다. YouTube 주소를 하나하나 치고 들어오지 않는 한 찾기가 힘들어집니다. 또한 숫자나 기호를 사용하게 되면 성의 없이 보이는 부정적인 효과도 있습니다.

프로필 사진과 배너 이미지 만들기

채널 이름과 마찬가지로 프로필 사진과 배너 이미지도 중요합니다. 프로필 사진은 내가 업로드하는 모든 동영상과 댓글에 표시됩니다. 대내외적으로 나를 대표하는 얼굴입니다. 배너 이미지는 '채널 아트'라고도 하는데 내 YouTube 채널 메인 화면 상단에 보이는 이미지입니다. 처음 방문하는 사람들에게 내 채널의 성격을 시각적으로 보여줄 수 있습니다.

1 YouTube 메인 화면에서 우측 상단의 '채널 맞춤 설정'을 클릭합니다. 채널 맞춤 설정 화면에서 좌측 하단 메뉴 '맞춤설정'을 눌러 '브랜딩'을 클릭합니다.

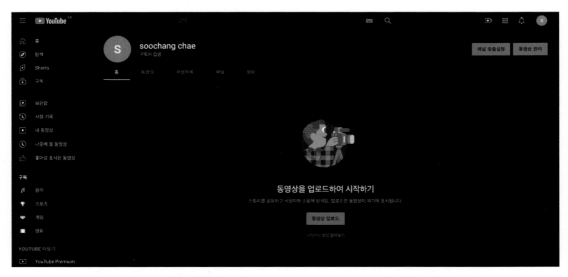

프로필 사진 만들기

1 '브랜딩' 항목에서 맨 위의 '사진 – 업로드'를 선택합니다.

2 프로필 사진의 YouTube 가이드라인은 다음과 같습니다.

- 파일 포맷 : JPG, GIF, BMP 또는 PNG 파일 (애니메이션 GIF는 제외)
- 파일 최소 크기 : 가로 98 × 세로 98 픽셀
- 파일 최대 크기 : 4 MB이하

3 프로필 이미지는 내 모습을 보여주는 것이 신뢰도를 높이는 데 좋습니다. 나아가 내 정체성을 드러내는 사진이거나 로고를 보여줘도 됩니다.

배너 이미지 만들기

1 '브랜딩' 항목에서 중간의 '배너 이미지'를 클릭합니다.

2 배너 이미지의 YouTube 가이드라인은 다음과 같습니다.

- 업로드 최소 크기 : 가로세로 16:9 비율이 2048 × 1152 픽셀
- 텍스트 및 로고가 잘리지 않는 최소 크기 : 1235 × 338 픽셀. 여기에서 벗어나는 부분은 특정 뷰 또는 기기에서 잘려 보일 수 있습니다.
- 파일 크기 : 6 MB 이하

3 배너 이미지에서는 내 채널의 주제와 채널의 특징을 알리는 것이 좋습니다. 내 채널 방문자가 가장 먼저 보게 되는 부분입니다. 강한 첫 인상과 내 채널의 성격을 확실하게 드러내야 합니다.

미리캔버스를 이용한 배너 이미지 만들기

미리캔버스는 저작권 걱정 없이 무료로 사용할 수 있는 디자인 툴입니다. 어려운 포토샵을 몰라도 회원가입을 해서 마우스만 클릭하면 좋은 이미지를 만들 수 있습니다. 간단한 편집으로 내가 원하는 이미지로 변경할 수도 있습니다. 부분적으로 유료인 것들도 있으나 대부분의 템플릿이 무료로 제공되고 있습니다. PPT 템플릿, 썸네일, 각종 시각자료, 포스터 등을 10분 안에 만들 수 있습니다. 비슷한 이미지 툴로 'Canva'도 있으나 여기서는 'Miricanvas'로 만들어 보겠습니다.

1 미리캔버스 메인 화면에서 회원가입을 합니다. 환영 문구와 함께 작업화면으로 넘어갑니다. 왼쪽 메뉴 창에서 '템플릿'을 선택하면 이미 만들어진 템플릿을 선택할 수 있습니다. '모든 템플릿'을 누르면 '유튜브/팟빵' 메뉴가 보입니다. '썸네일'은 유튜브 동영상에 쓰일 부분이므로 뒷부분에서 다시 다룹니다. 여기서는 '채널 아트'를 누릅니다. 이미 만들어진 기존의 디자인 템플릿들이 보입니다. 내가 원하는 디자인을 선택합니다.

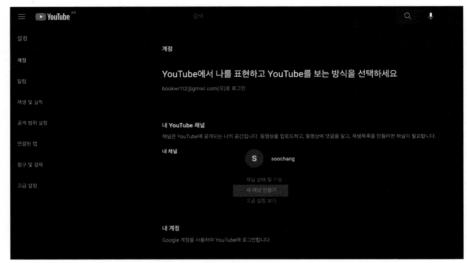

◆ 미리캔버스 메인 화면

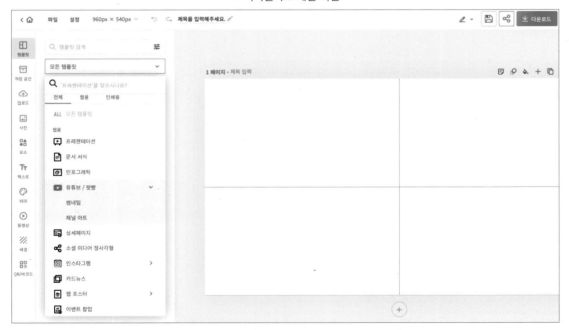

◆ 미리캔버스 작업화면과 유튜브 채널아트 템플릿 검색

② 배너 이미지는 되도록 간단하고 깔끔한 것이 좋습니다. 선택한 템플릿 사이즈를 YouTube 배너 이미지에 맞게, 모든 기기에서 잘리는 부분 없이 볼 수 있는 사이즈로 설정합니다.

③ 템플릿에 있는 폰트, 이미지와 각 요소들은 클릭해서 크기를 변경하거나 좌측 메뉴 중 '요소' 항목에서 대체 이미지를 찾아 바꿀 수 있습니다.

◆ 템플릿 변경 전 vs 변경 후

④ 새로운 프로그램이라 어렵다고 생각하실 수 있지만, 간단한 클릭만으로 만들 수 있으니 연습해 보시기 바랍니다.

⑤ 자세한 사용법은 동영상으로 별도 첨부했으니 참고하세요. (미리캔버스 배너이미지 만드는 동영상 첨부)

나를 표현하는 로고 만들기

미리캔버스로 로고/프로필 이미지도 쉽게 만들 수 있습니다. 전문가에게 의뢰할 경우 많은 비용이 들어가는 부분을 무료로 할 수 있습니다. 미리캔버스에 원하는 로고가 없을 경우, 구글에서 '유튜브 로고 만들기'를 검색합니다. 무료로 로고를 만들 수 있는 사이트들이 나옵니다. 그 중에서 로고를 생성할 수도 있습니다.

1 미리캔버스 템플릿 화면으로 다시 돌아갑니다. 로고/프로필 항목을 선택합니다.

2 미리캔버스에서 제공하는 템플릿이 많이 보입니다.

3 마음에 드는 모양을 선택해서 사이즈를 최대 800×800, 최소 98×98로 설정합니다. 그 다음 배너이미지를 만들 때와 같이 폰트와 요소 등을 변경해 줍니다.

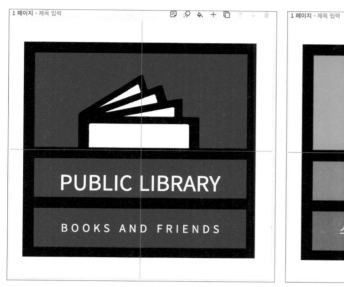 

◆ 임의의 템플릿 변경 예제 : 원본(좌측) vs 변경(우측)

3 _ 어떤 유튜버로 성공하고 싶으신가요?

동영상 강의 QR 코드
https://youtu.be/XzpOhpNngcM

유튜브 컨텐츠 제작할 때 가장 중요한 점

1. 전부를 만족시킬 수는 없습니다. '타겟'을 설정하세요.

YouTuber(유튜버)는 YouTube 컨텐츠인 동영상을 제작하는 사람을 말합니다. YouTuber는 취미로 할 수도 있고, 직업으로 할 수도 있습니다. 어떤 형태든 YouTube에 동영상을 올리거나, 그 동영상으로 경제적인 이익이 발생하면 그 사람을 YouTuber라고 부릅니다. 취미 또는 돈을 벌기 위한 것이라도 YouTuber는 동영상 컨텐츠를 만드는 확실한 이유가 있어야 합니다.

어떤 동영상을 만들 것인지와 그 이유를 결정했으면 타겟을 설정해야 합니다. 우리는 모든 사람을 만족시키는 컨텐츠를 만들 수 없습니다. 내가 목표로 하는 '타겟'들만 내 컨텐츠에 만족하면 됩니다(타겟을 설정하되, 되도록 타겟의 범위를 넓게 잡아야 합니다). 그렇기 때문에 항상 아래와 같은 질문을 해야 합니다.

❶ 과연 누가 내 동영상을 볼 것인가?
❷ 어떻게 하면 소위 '어그로'를 끌지 않고 많은 사람들이 볼 영상을 만들 것인가?
❸ 내 동영상을 시청할 사람들의 나이와 직업은 어떻게 되는가?
❹ 사람들이 동영상을 가장 많이 시청하는 시간은 언제인가?
❺ 사람들은 내 동영상을 왜 보는 것이며, 나는 그들에게 어떤 이익을 줄 것인가?
❻ 단순한 시청을 넘어 사람들을 행동으로 이끄는 해결책이 있는가?

문제 제기를 넘어, 내 채널을 보거나 구독하는 사람들에게 어떤 이익을 줄 것인지 생각해야 합니다. 이익을 줬다면 그 다음으로 발전적인 행동으로 나가도록 행동 유도를 해야 합니다. 이것이 YouTube 컨텐츠를 제작할 때 가장 중요한 점이고 항상 생각해야 하는 부분입니다. ('어그로'란 말은 '도발한다'는 뜻의 영어 단어 'aggravation'입니다. 웹상에서 관심을 끌기 위한 행동이나 말 등을 일컫습니다.)

2. 왜 YouTube를 하는걸까?

모든 사람들이 YouTube를 해야 한다고 말하는데 왜 해야 하는 걸까요? 왜 앞으로는 더욱 더 YouTube를 비롯한 동영상 플랫폼이 중요한 걸까요? 이 근본적인 물음을 생각해보고 내가 YouTube를 해야 하는 이유와 아이템을 생각해야 합니다.

'YouTube가 돈이 된다는 데 나도 돈이나 벌어볼까?'라는 막연한 생각이라면 잘못된 접근입니다. YouTube는 단순하게 돈을 벌려는 목적이 아니라 이제는 모든 검색과 소통을 위한 채널이기 때문입니다. 요즘 세대는 더 이상 전화나 문자에 의존하지 않습니다. 어린 시절부터 영상을 접해왔고, 영상에 익숙한 세대라는 거죠. 이러다 보니 관계를 엮어가는 방법이 전화와 문자, 사진을 넘어서 동영상이 익숙한 것입니다.

요즘 아이들은 서로 일상을 나누는 방법도 동영상에 의존합니다. YouTube에 개인 채널을 개설하고, 서로의 채널을 방문하면서 일상을 공유하는 것입니다. 세상이 이렇게 바뀌었는데 YouTube를 모른 척 한다는 것은 말이 안 됩니다. 스마트폰이 없어지지 않는 이상, 동영상을 대체할 다른 플랫폼이 나오지 않는 이상 동영상 수요는 더 늘어날 것입니다. 이제는 정보 검색 기능도 YouTube 동영상이 대신하는 세상입니다.

YouTube를 활용한다는 것은 크게 두 가지로 나눌 수 있습니다.

(1) 첫 번째, 비즈니스 모델로써 YouTube 활용입니다.

그 동안 많은 기업들이 광고 플랫폼으로 각종 SNS를 활용해 왔습니다. ○이스북이나 인☆그램, 아니면 포털 사이트 등 다양한 매체를 활용했습니다. 오랜 시간 동안 사용된 광고 방법이다 보니 사람들은 더 이상 그 광고에 끌리지 않습니다. 아예 특정 플랫폼은 광고에 특화되어 있다고 생각하고 많은 사람들이 떠난 상황입니다.

이런 상황에서 YouTube는 정보를 제공함과 동시에 기업의 비즈니스 활동을 할 수 있는 최상의 플랫폼입니다. YouTube는 동영상에 익숙한 세대에게 접근하는 최고의 방법입니다. 광고라는 이미지를 최대한 배제하고 자연스럽게 정보 전달로 사람들을 이끌어야 합니다. 단순한 구독자 증가나 시청시간 지속이라는 것은 의미가 없습니다. 단순한 구독자 증가가 어떤 수익을 창출하지 않는 것이기도 하구요.

그동안 많은 매체를 통해서 이뤄졌던 광고 행위를 자연스럽게 YouTube로 집중해야 합니다. 이미 많은 기업들이 그렇게 하고 있는 상황이기도 합니다. 비즈니스 모델로써 YouTube 활용은 기업의 발전(개인이든 거대 기업이든 상관없이)과 성장, 지속적인 수익의 창출이라는 역할을 충분히 할 수 있습니다.

(2) 두 번째, Personal Branding으로서의 YouTube 활용입니다.

세상은 내가 가만히 있으면 내 가치를 알아주지 않습니다. 기업체 입사를 하든, 내 일이나 예술작품을 홍보를 하든 내 자신을 알려야 합니다. 단순하게 알리는 것에 한하지 않고 내 이름의 가치, 일종의 Name Value를 높여야 합니다. 내 이름을 높이는 가장 좋은 방법이 2-3년 전까지는 SNS였고, 이제는 동영상입니다.

이런 이유로 YouTube는 개인적인 성장과 내 이름을 알리는 데는 최적의 플랫폼입니다. 내가 좋아하는 것과 내가 관심 있는 것들에 대해 이야기 하는 것입니다. 동영상이라고 하니까, 촬영하려면 장비가 필요하지 않나? 편집은 어렵다는 데 어떻게 하지? 라고 고민할 필요 없습니다. 우리에게는 이미 모든 것이 준비되어 있습니다. 우리가 지금 당장 고민해야 할 것은 이것입니다.

'지금 당장 시작하세요!!'

뒤에서 YouTube 초보자를 위한 방법과 장비들이 소개되겠지만, 우리는 이 모든 것들을 떠나서 지금 당장 시작하는 것이 중요합니다. 우리에게는 가장 강력한 장비이자 무기인 스마트폰이 있습니다. 촬영 방법을 몰라도 됩니다. 영상 편집하는 방법을 몰라도 됩니다. 유명하다는 YouTuber들도 영상 편집에 대해서 잘 모른다고 말합니다. 단지 그들이 잘 한 것은 앞 뒤 가리지 않고 시작한 것입니다.

'대체 어떤 것을 만들어야 합니까? 내가 만든다고 누가 봐주기나 하나요?'

걱정할 필요가 없습니다. 아이템은 무궁무진하고 모든 사람들이 유명한 YouTuber가 올리는 것들만 보는 것은 아닙니다. 수많은 사람들의 관심사는 너무도 다양해서 내가 생각하기에 사소한 것일지라도 반드시 필요로 하는 사람들이 있기 때문입니다.

구독자가 1,000명이 넘고, 내가 올린 영상을 보는 시청 지속시간이 필요하다고 합니다. 네, 맞습니다. YouTube에서는 친절하게도 가이드라인으로 구독자가 1,000명이 넘고, 일정 정도의 시청 지속시간이 되면 광고 수익이 발생한다고 말합니다. 사람들은 이것으로 인해 더 깊은 함정에 빠집니다.

어떻게 해서든지 '구독자 1,000명'을 넘으려고 합니다. 시청시간을 늘리기 위해 다양한 방법을 동원합니다. 이런 생각에서 발상의 전환이 필요합니다, 왜 구독자를 모으는데 집중하시는 건가요? 고민할 그 시간에 짧은 영상이라도 하나 더 올리세요. 그러면 그 다음에 많은 일들이 일어납니다.

YouTube 컨텐츠를 만들 때 이것만 지키면 성공한다

1. 영상의 내용과 주제는 통일성이 있어야 합니다.

대부분의 사람들은 YouTube를 할 때 관심 있는 모든 것에 대해 말합니다. 유행하는 트렌드를 따르다 보니 컨텐츠가 일관성이 없습니다. 이렇게 하다보면 조회 수도 나오지 않고 구독자도 늘지 않아 금방 지치게 됩니다. 내 채널의 구독자와 좋아요, 시청시간을 늘리는 가장 좋은 방법은 '컨텐츠의 통일성'입니다. 동일한 주제로 동영상을 만들어서 올려야 합니다. 만약 관심사가 따로 있다면 새로운 채널을 하나 더 만드는 것이 좋습니다.

2. 영상 촬영을 하기 전 기승전결을 갖춘 대본을 준비합니다.

동영상을 만들 때, 영상 속에서 이야기 하려고 하는 것들에 대해 시작부터 중간, 끝까지 대본이 있어야 합니다. 이 대본은 드라마나 영화의 대본처럼 자세한 것을 말하는 게 아닙니다. 내가 말하려는 것들에 대해 잘 알고 있다면 간단하게 주요 사항들만 적어도 됩니다. 굳이 세세할 필요는 없습니다. 영상에서 말의 흐름이 끊이지 않고 이어갈 수 있도록 대본이 있어야 합니다.

3. 모든 영상은 이야기(스토리텔링)가 있어야 합니다.

YouTube는 다른 어떤 플랫폼보다 사람이 중요합니다. 단순하게 지식이나 정보를 전달하는 채널보다는 인간미가 넘치는 컨텐츠를 좋아합니다. 전문적인 말로는 YouTube의 '면대면 효과'라고 할 수 있습니다. 사람이 마주보고 말을 하는 듯 느끼는 '면대면 효과'는 YouTube 영상에서 심합니다. 단순하게 얼굴을 보면서 채팅하는 채널이 잘 되거나, 얼굴이 나오는 영상이 조회 수가 높은 것만 봐도 알 수 있습니다.

4. 말을 할 때는 읽지 말고 자연스럽게 합니다.

처음 동영상을 촬영하면 누구든지 어색한 것이 사실입니다. 시선 처리도, 말의 빠르기도 조절하기가 어렵습니다. 하지만 꾸준하게 연습을 해서 이런 부분을 줄여야 합니다. YouTube 컨텐츠의 특성이 마주보고 대화하는 것인데, 내가 어색하다면 보는 사람도 불편합니다. 대본이나 대사를 간단하게 만들어서 영상을 촬영하기 전에 계속 연습해야 합니다. 자연스럽게 마주보고 말 하듯이 합니다.

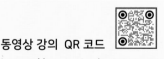

동영상 강의 QR 코드
https://youtu.be/8cXQYrpGWDg

어떤 영상 컨텐츠를 제작해야 할지 모르겠다구요?

1. YouTube 채널 각 분야 인기 YouTuber 컨텐츠 따라하기

YouTube를 시작하기 어려워하는 부분 중에 하나가 '과연 어떤 것을 만들까?'입니다. 고민해도 답이 없다면 모방하는 단계부터 시작합니다. 내가 관심 있는 분야를 검색해서 경쟁자라 할 수 있는 사람들이 했던 것들을 파악합니다. 인기 YouTuber들의 동영상 중에 내가 할 수 있는 것들을 나만의 시각으로 만들어 봅니다. 같은 내용을 다룬다고 해서 같은 관점이 나오는 것은 아닙니다. 모방부터 시작해서 창작하는 단계로 나가면 됩니다.

2. 자신만의 장점이 무엇인지, 무엇을 잘 하는지 파악하기

내 자신의 장점은 무엇인지, 어떤 점을 잘 하고 못하는지는 내가 잘 알고 있습니다. 내가 살아온 인생을 돌아보고 내 장점을 컨텐츠로 만들 것인지 생각합니다. 주변에서 '넌 이런 것을 잘해'라든지, '넌 참 웃겨'라고 한다면 그런 부분이 장점입니다. 내가 잘하는 것을 가지고 다른 사람들에게 어떻게 하면 이익을 줄 것인지 고민합니다. 그 이익은 정보제공이어도 좋고 문제에 대한 해결이어도 좋습니다.

3. 내가 관심 있는 분야의 책에서 아이디어 찾기

컨텐츠를 찾는 또 다른 방법은 책에서 찾는 방법입니다. 내가 관심 있거나 배우고 싶은 분야의 책을 사서 읽어봅니다. 책을 읽다보면 내가 못 보던 것들도 보이고 새로운 아이디어도 떠오릅니다. 책 구입이 무리가 간다면 인터넷서점에 들어가서 검색을 합니다. 검색된 책들의 목차만 자세하게 살펴봐도 됩니다.

4 _ YouTube 수익을 창출하는 구독자 수와 시청시간

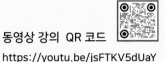
동영상 강의 QR 코드
https://youtu.be/jsFTKV5dUaY

동영상 강의 QR 코드
https://youtu.be/NL9cyBD-HLw

동영상 강의 QR 코드
https://youtu.be/S1gqLiFcKy0

YouTube로 돈을 벌었다는 사람들이 많이 있지만, 돈을 벌려면 도대체 어느 정도 조회 수와 구독자가 필요할까요? 구독자는 몇 명을 모아야 YouTube로 성공했다고 할 수 있을까요? YouTube로 수익을 만든다는 최소 1,000명을 모은다는 것은 어떤 의미일까요?

YouTube로 돈을 버는 데 필요한 구독자 수와 시청 지속시간은, 단순하게 YouTube에서 말하는 1,000명/4,000 시간이 아닙니다. YouTube로 수익을 창출하고 싶다면 YouTube 파트너 프로그램 가입 신청 승인이 되어야 합니다. 일반적으로 알고 있기에는, 구독자 수 1,000명 이상/시청시간 4,000시간 이상일 경우 YouTube에서 수익이 발생하는 것으로 알고 있습니다. 하지만 현실은 그렇지 않습니다. 몇 천 명의 구독자로 수백만 원의 수익을 올리거나, 몇 십만, 몇 백만 구독자를 가지고 있는데도 수익이 미미한 경우가 자주 있는 경우를 보더라도 구독자 수는 수익에 많은 영향을 주는 것이 아닙니다.

구독자 수가 수익에 많은 영향을 미치는 것이 아니라면 어떤 부분이 수익에 영향을 줄까요? 그것은 바로 '조회 수'입니다. 조회 수가 많아야 수익이 발생될 가능성이 커집니다. 조회 수를 늘리려고 구독자를 많이 확보하려는 것입니다.

YouTube 파트너 프로그램에서 수익을 창출하는 방법
❶ 광고 수익 : 디스플레이, 오버레이, 동영상 광고를 통해 광고 수익을 올립니다.
❷ 채널 멤버쉽 : 채널 회원이 크리에이터가 제공하는 특별한 혜택을 이용하는 대가로 이용료를 매월 지불합니다.
❸ 상품 섹션 : 팬들이 보기 페이지에 진열된 공식 브랜드 상품을 둘러보고 구입할 수 있습니다.
❹ Super Chat 및 Super Sticker : 팬들이 채팅 스트림에서 자신의 메시지를 강조표시하기 위해 구입합니다.

❺ YouTube Premium 수익 : YouTube Premium 구독자가 크리에이터의 컨텐츠를 시청하면 구독료 일부가 지급됩니다.

❻ 파트너 프로그램에서 수익 창출 자격요건을 갖췄다면, 애드센스 계정을 만들고 YouTube 채널에 연결해야 합니다. 구글 애드센스는 간단하게 말해서, YouTube에 광고하려는 기업들이 광고를 만드는 네트워크입니다. 애드센스에서 만들어진 광고가 내가 만든 동영상 전체에 걸쳐서 표시됩니다. 시청자가 전체 광고를 볼 때마다 크리에이터는 일정의 보상을 받습니다.

수익 창출 기능을 사용 설정하기 위한 최소 자격요건

파트너 프로그램	최소 요구 사항
광고 수익	– 만 18세 이상이거나 법적 보호자 있어야 함 – 광고주 친화적인 컨텐츠 가이드라인 준수하는 컨텐츠 제작
채널 멤버쉽	– 만 18세 이상 – 구독자 수 1,000명 초과
상품 섹션	– 만 18세 이상 – 구독자 수 10,000명 초과
Super Chat 및 Super Sticker	– 만 18세 이상 – Super Chat이 제공되는 국가/지역에 거주
YouTube Premium 수익	– YouTube Premium 구독자용 컨텐츠 제작

조회 수 이전에 좋은 영상. 영상만 잘 만들면 YouTube로 성공할 수 있을까요? 영상을 잘 만든다는 것은 어떤 것일까요? 좋은 영상, 조회 수를 늘리는 영상은 '보는 사람들이 필요로 하고, 그 사람들의 문제점이 무엇인지 알고 있으며 해결책을 제시해주는 영상입니다.' 즉, 내 영상을 보는 사람들의 문제를 해결하거나 욕구를 충족시키는 컨텐츠를 지속적으로 만드는 것이 조회 수를 늘리는 최고의 비결입니다.

끊임없이 신규 고객을 늘려야 한다는 것이 아닙니다. 신규 고객 증가도 중요하지만 더 중요한 것은 기존 구독자들이 새로운 영상을 보도록 만드는 것입니다. 재생 목록을 만들고, 최종 화면에 카드로 다른 영상을 홍보해야 합니다. SNS 활동으로 내 동영상 홍보도 해야 합니다.

YouTube 구독자 1,000명을 확보하는 방법

YouTube 구독자 수가 몇 만 명, 몇 십만 명을 넘는 사람들이 넘치다 보니 사람들은 구독자 수 1,000명을 쉽게 생각하는 경향이 있습니다. 하지만 현실은 그렇지 않습니다. 아무리 노력해도 구독자 수 1,000명을 만드는 것이 쉬운 일이 아닙니다.

(1) 구체적인 대상 목표를 설정해야 합니다.

블로그로 성공한 많은 사람들이 YouTube에서 실패하는 이유가 있습니다. 그 근본적인 이유는 블로그는 타겟이 좁아야 하는 반면에, YouTube는 타겟이 넓어야 하는 것입니다. 블로그 마케팅의 기본은, 대상을 구체화하고 타겟을 좁혀야 합니다. 제목을 만들 때도, 키워드를 설정할 때도 구체적인 목표를 설정하고 그 부분을 공략할 수 있는 것들을 넣어야 합니다. 하지만 YouTube는 블로그와 다릅니다. YouTube 알고리즘 상 내 동영상이 도달할 수 있는 범위를 넓게 잡아야 합니다.

예를 들어, 내가 스마트스토어로 돈을 3천만 원을 벌었다면, '내가 스마트스토어로 월 3천만 원 번 방법 공개'라고 하는 것 보다, '내가 월 3천만 원을 벌었던 쉬운 방법 전격 공개'라고 하는 편이 훨씬 좋습니다. 아주 작은 차이 같지만, 이 작은 단어 차이로 인해 내 동영상이 도달할 수 있는 범위가 1,000명이 될 수도 100,000명이 될 수도 있습니다. 타겟, 내 동영상을 볼 대상 목표는 넓게 잡아야 합니다. 전 국민이 대상이라는 생각으로 제목과 썸네일을 만들어야 합니다.

(2) 동영상 도입부(인트로)가 구독자와 조회 수를 결정합니다.

우리가 YouTube를 시청하다보면 대다수 영상에서 인트로가 나옵니다. 내 채널을 소개하거나, 내 채널의 하이라이트를 보여주거나, 브랜드를 설명하는 부분입니다. 인트로(도입부)는 내 동영상을 보는 사람들에게 나를 보여주고 호기심을 일으키고 전문적인 느낌을 갖게 합니다. 내 동영상에서 이탈하지 않고 계속해서 시청을 하게 만드는 중요한 요소입니다.

인트로는 대체적으로 5초 이내로 제작됩니다. 이 4~5초 안에 시청자들의 관심을 끌지 못하면 시청자 이탈을 막을 수 없습니다. 거짓되거나 과장하지 않고 내 채널의 주제를 알리는 방법을 찾아야 합니다. 단순하게 만드는 인트로가 유행한다고 하지만, 인트로에 신경을 쓰는 것이 '이 주제에서는 내가 전문가'라는 느낌을 줄 수 있습니다.

이미지와 영상으로 시각적인 가치를 전달하고, 구체적인 문제 제기와 궁금증을 유발해야 합니다. 이 영상을 끝까지 시청함으로써 어떤 이익과 해결책이 있는지 호기심을 줘야 합니다. 인트로 4~5초가 내 영상 시청 지속시간의 성패를 좌우합니다.

(3) 단계별 구체적인 목표 수치 만들기

단 한 개의 영상으로 구독자 수를 늘린다는 것은 불가능합니다(물론 한 개의 영상만으로 폭발적인 구독자 증가가 일어나는 경우도 있습니다). 구독자 수를 늘리는 기간을 단계별로 정하고 세부적인 방법을 실행해야 합니다. 1개월 단위 또는 3개월 단위로 작은 기간을 설정하고 집중해야 합니다. 기한 설정 없이 구독자 수를 늘리기 보다는 짧은 기간을 설정하는 것이 더 효과적으로 방법을 찾고 집중할 수 있습니다.

(4) 업로드 영상에 YouTube 구독 버튼 추가하기

추천이나 검색으로 내 동영상을 보게 된 사람들이 내 채널을 '구독'할 수 있도록 구독 버튼을 영상에 추가합니다.

1 YouTube Studio에 로그인합니다.
2 왼쪽 메뉴에서 '사용자 지정'을 클릭합니다.
3 '브랜딩' 탭을 선택합니다.
4 '비디오 워터마크 섹션'까지 아래로 이동하고 구독 버튼 이미지를 업로드합니다.
5 구독 버튼 게시 시간을 비디오 끝, 전체 비디오와 사용자 지정 중에 선택합니다.
6 오른쪽 상단의 '게시'를 누릅니다.

(5) 사람들이 좋아하는 동영상 분석하기

사람들이 좋아하는 동영상이란, 내가 좋아하는 동영상이 아닙니다. 내가 좋아서 하는 YouTube지만 보는 사람들이 좋아할 만한 주제를 다뤄야 합니다. 문제를 제시하고 해결책을 제시하며 흥미를 유발해야 합니다. 사람들이 '구독'을 누를 수 있는 가치를 만들어야 합니다. 사람들에게 도움이 되고 경제적인 이득을 줄 수 있는 주제라면 더욱 좋습니다.

얼굴을 볼 수 없는 인터넷상의 동영상이지만, 사람들은 YouTube를 대할 때 철저하게 개인적으로 받아들인다는 조사 결과가 있습니다. 현실에서 사람들 간의 접촉이 없는 상황에서, 사람들은 온라인상의 공간에서 인간적인 것을 찾습니다. YouTube 영상에서 보이는 크리에이터의 얼굴을 보면서 마주 보고 이야기를 듣거나 하는 것처럼 여깁니다. 이것이 바로 YouTube의 '면 대 면(Face to Face)' 효과입니다.

내 채널에서 채널 및 동영상에 대한 실적 요약을 볼 수 있습니다. 측정 항목은 조회 수, 시청 시간, 구독자 수, 추정 수익 등이 표시됩니다. 이 항목들을 기준으로 내 동영상을 분석할 수 있습니다. 아래는 책을 위해 업로드했던 예제 영상을 기준으로 분석을 보는 방법을 알아보겠습니다.

1 YouTube Studio에 로그인합니다.
2 왼쪽에 있는 메뉴에서 '콘텐츠'를 선택합니다.
3 동영상 위에 마우스를 가져가 '분석'을 선택합니다(잠깐 노출 시켰는데도 불구하고, Doja Cat 음악이 사용되어 '저작권 침해신고'가 자동으로 돼있습니다).
4 '개요'에서 동영상 조회 수와 시청 지속시간이 나옵니다. '도달범위'를 누르면, 시청자가 이 동영상을 찾는 방법, 노출대비 조회 수, 검색 유입되는 외부 앱, 동영상 추천 콘텐츠 등의 내용들이 나옵니다.
5 고급 모드를 클릭하면 '확장된 분석 보고서'를 통해 비교 분석할 수 있습니다.

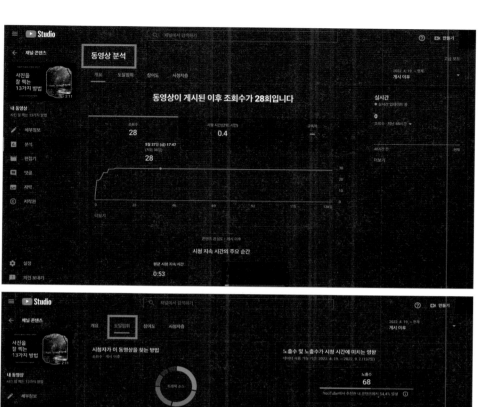

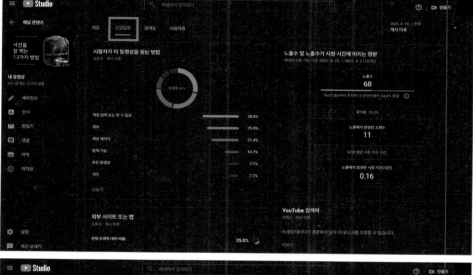

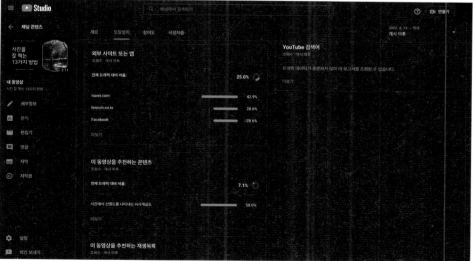

(6) 가장 많은 구독자를 끌어들인 영상 분석하기

위 분석을 토대로 어떤 영상이 구독자를 가장 많이 끌어들였는지 분석해야 합니다. 영상 주제와 길이, 제목과 썸네일, 키워드 등을 분석해야 합니다. 필요하다면 경쟁 상대(동일 키워드로 업로드 된 동영상) 영상을 분석하고 벤치마킹해야 합니다. 조회 수가 높은 경쟁 동영상들은 어떤 제목을 썼는지, 썸네일과 키워드는 어떻게 사용했는지 분석해야 합니다. 분석한 후에 내 영상에 적용해 보고 반응도를 살펴야 합니다.

(7) 지속적인 신규 영상 업로드

'1일 1포스팅'이란 말이 널리 유행합니다. 구독자를 늘리고 인기를 끌려면 하루에 한 개 이상의 동영상을 업로드해야 한다는 것입니다. 그런데 초보자의 경우 하루에 한 개 이상의 동영상을 기획, 촬영하고 편집해서 올린다는 것은 쉬운 일이 아닙니다. 하루에 한 개라는 목표치에 집중하다 보면 동영상 품질은 떨어지게 마련입니다. 차라리 일주일에 한 개의 동영상을 올리더라도 철저하게 기획하고 촬영, 편집에 신경 써야 합니다.

어떻게 촬영할지 사전 기획하고, 촬영하기 전에는 간단한 대본이라도 만들어야 합니다. 한 번에 촬영을 끝내려고 하지 말고 끊어서 촬영합니다. 초보자가 YouTube를 시작하는 단계에서는 업로드 할 동영상을, 1주일에 2-3개 정도 생각하고 6-8주 분량을 만들어 놓고 시작하는 것이 좋습니다. 초기에 충분한 분량의 동영상을 만든다는 것이 신규 업로드에 대한 부담도 줄이고 여유 있게 YouTube를 운영하는 방법입니다.

단, 가장 중요한 점은 업로드하는 동영상은 주제가 통일되고 내용이 일관성이 있어야 한다는 것입니다. 예를 들어, 교육용 YouTube인데 조회 수를 위해서 갑자기 리뷰영상을 찍는다든지, 브이로그를 촬영한다든지 하는 등의 주제를 벗어난 행동은 구독자 이탈을 부릅니다.

5 _ 유튜브 알고리즘의 이해

YouTube는 이윤을 추구하는 기업입니다. 당연한 말이지만, YouTube를 이용하는 사람들에게 선의로 플랫폼을 제공하는 것이 아니라는 것입니다. YouTube가 추구하는 목표는 하나입니다. 퀄리티가 좋은 영상들이 계속해서 업로드 되고, 그것으로 인해 YouTube가 막대한 광고수익을 얻는 것입니다.

알고리즘이라고 하는 것은 품질 좋은 동영상, 최고의 동영상을 찾는 것이 아닙니다. 보는 사람들이 좋아할 만한 동영상을 찾는 것입니다. 각각의 개인들의 성향을 분석하고 그 성향에 맞는 동영상을 찾아서 추천하는 것이 YouTube 알고리즘의 목표입니다.

가입자 성별, 나이, 교육수준, 소득, 성향 등을 분석해서 영상을 추천합니다. 이후 클릭하는 영상 정보에 따라 성향을 분석하고 좋아할 만한 최적의 영상을 추천합니다.

알고리즘의 초점 영역

❶ 시청자가 보고 있는 콘텐츠 : 시청자가 실제로 시청하는 데 시간을 보내는 동영상

❷ 시청자가 시청하지 않는 항목 : 시청자가 클릭한 후 이탈한 동영상이 포함되며 이러한 동영상은 클릭률을 크게 떨어뜨립니다.

❸ 시청자가 시청하는 시간 : 시청자가 오래 시청할수록 클릭률이 높아집니다.

❹ 시청자들이 좋아하는 것과 싫어하는 것 : 시청자들이 누른 좋아요와 싫어요 버튼의 피드백을 기반으로 합니다.

❺ 관심 없음의 피드백 : 이 옵션을 클릭하는 시청자 수는 동영상에 영향을 줍니다.

❻ 시청자의 인구통계 및 지리정보 : 시청자에게 동영상을 추천할 때 알고리즘은 시청자의 특정 위치와 인구통계를 살펴봅니다.

❼ 시청자의 이전 시청 동영상 : 시청자가 귀하와 유사한 동영상을 시청한 경우 추천될 확률이 높아집니다.

❽ **시청자의 과거 검색어** : 동영상에서 많이 검색된 키워드를 사용하면 많은 사람들이 해당 단어를 검색하게 되어 동영상이 많은 사람들에게 추천될 수 있기 때문에 여기에서 도움이 됩니다.

❾ **채널 업로드 빈도** : 알고리즘이 활성 채널의 콘텐츠를 추천합니다.

❿ **동영상이 온라인에 있었던 시간** : 구독자 또는 비슷한 관심사를 가진 시청자에게 새 동영상이 추천됩니다.

⓫ **동영상의 성장률(인기 속도)** : 성장률이 높은 동영상은 인기 급상승 페이지에 게재될 가능성이 더 높습니다.

⓬ **동영상 참여(좋아요, 싫어요, 댓글, 공유)** : 참여는 동영상에 대한 관심을 표시하고 알고리즘은 더 많은 시청자에게 이를 제안합니다. 참여, 즉 반응도는 동영상을 질 좋은 컨텐츠로 인식합니다.

⓭ **노출 수** : 여기에는 시청자에게 제안된 동영상(썸네일 등)을 본 시청자 수가 포함됩니다. 최상의 결과를 위해 최대한 많은 노출수를 얻는 것을 목표로 합니다.

6 _ 잘못된 유튜브 채널 홍보 방법

잘못된 유튜브 채널 홍보 방법 첫 번째, 어뷰징

어뷰징의 국어적 의미는 '개인이 본인 계정 외 부계정 등 다중계정 조작을 하여 부당이득을 취하는 행위'를 말합니다. 영어 뜻은 학대, 남용, 오용을 의미합니다.

이러한 어뷰징이 온라인 상에서는, 유튜브, 인스타그램, 블로그 구독자 수를 돈 주고 사거나 인맥을 이용한 구독자 수 증가를 말합니다. 일반적으로 온라인 환경에서 인위적인 조작을 통해 각종 지표를 조작하는 행위인 어뷰징은 단기적으로 구독자 증가 및 클릭률을 높이지만 장기적으로는 조작된 정보에 의해 사람들이 떠나게 되는 원인이 됩니다.

조작을 통해서 일정 수의 구독자가 증가를 해서 영상을 시청했다면, 또 새로운 영상이 올라왔을 때 구독자가 늘어난 만큼의 수나 시청률이 나와야 합니다. 이것이 만족되지 못한다면 유튜브 알고리즘이 어뷰징으로 판단하고 노출을 최소화 할 가능성 높아집니다. 또는 영상 시청률이 높아서 다른 사람들에게 추천했는데, 새로운 사람들이 클릭하지 않거나 금방 이탈한다면 이것 또한 알고리즘이 어뷰징으로 판단할 가능성이 높습니다.

결론적으로 어뷰징은 어떤 이유에서든 내 채널 성장에 악영향을 끼치는 행위입니다. YouTube 시작 초기에 가족이나 주변 사람들에게 구독을 누르게 하는 것도 일종의 어뷰징입니다. 초기에 이렇게 늘어난 구독자가 내 동영상을 계속 시청하거나 반응을 나타내면 상관없습니다. 하지만 초기 구독자 수 증가에만 영향을 미치고 이후 업로드되는 동영상은 시청하지 않거나, 내 채널에 방문이 없다면 어뷰징으로 판단될 수 있습니다.

채널 초기 – 인맥 동원과 지인 홍보로 채널 방문 유도 –
초기 영상 조회 수 및 시청시간 상승 – 차후에 Upload 되는
영상 시청 및 재방문 없음 – 유튜브 알고리즘에서 광고 계정
(어뷰징 채널)으로 인식 – 제재 조치 (영상 및 댓글 노출 금지)

잘못된 채널 홍보 방법 두 번째, 포털 사이트나 SNS 홍보 및 메시지 발송

잘못된 채널 홍보 방법 두 번째는, SNS나 포털 사이트에 올려서 홍보를 하는 방법입니다. 같은 관심사를 가진 사람들이면 모르겠지만, SNS나 포털 사이트에서 홍보로 들어 온 시청자들은 장기적인 관점에서 마이너스입니다. 카톡이나 인스타그램의 메시지를 이용해서 무작위로 불특정 다수한테 광고를 하는 방법입니다. 위에 제시된 방법으로 사람들이 유입돼서 순간적인 조회 수는 오를 수 있습니다.

그러나 장기적으로 보면 그 사람들이 들어와서 내가 올린 영상을 끝까지 보지 않으면 시청시간이 줄어들고, 그 사람들이 다시 방문하지 않음으로 인해서 악순환이 계속되는 것입니다.

명함이나 광고지를 활용한 홍보

요즘에 명함은 회사에서나 공적인 자리에서 경우를 제외하고는 거의 사용하지 않는 것이 현실입니다. 그런데 시대에 뒤떨어지게 명함을 만들어서 영업하듯이 돌린다면 누가 그걸 보겠습니까? 광고지도 마찬가지입니다. 지하철역 근처에서 나눠주는 홍보지도 한 걸음만 벗어나면 버려지는 현실에서 구태의연한 방법을 유튜브에 활용한다는 자체가 말도 안되는 일입니다.

7 _ 유튜브 떡상의 원리

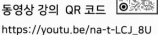

동영상 강의 QR 코드
https://youtu.be/na-t-LCJ_8U

동영상 강의 QR 코드
https://youtu.be/KU6qPdWWjco

유튜브를 처음 시작하고 구독자가 100명도 안 되는 상황에서 내 채널 조회 수는 떡상을 할수가 없습니다(떡상이란 말은 '떡칠'을 의미하는 '떡'과 물건 값이나 주가가 폭등하는 것을 의미하는 '급상승'을 합친 말입니다). 유튜브 영상을 아무리 잘 만들어도 채널 초기에는 조회 수가 10을 넘기기 어렵습니다. 잘 나온 조회 수라고 해봐야 백 단위입니다.

유튜브는 영상을 먼저 알아서 노출해 주지 않습니다. 사람들이 유튜브에서 검색을 해서 내 영상을 먼저 보면 그 영상의 시청 지속 시간이 나오게 됩니다. 시청 지속 시간이 일정 시간 유지된 다음에 그 데이터를 바탕으로 유튜브에서 내 영상을 노출시켜 줍니다. 참 모순되게도, 노출 시간과 조회 수가 적으니까 그 부족한 노출 시간과 낮은 조회 수 때문에 더 노출을 안 시켜주는 그런 상황이 되는 것입니다. 어떻게든 노출 시간과 조회 수를 늘려야, 그것을 바탕으로 유튜브가 내 영상을 더 많이 노출시켜 주는 것입니다. 그러면 내 유튜브 동영상을 노출시킬 수 있는 확실한 방법은 무엇일까요? 그것은 바로 댓글 활용법과 광고입니다.

유튜브 떡상의 시작, 구독자 100명 모으기

(1) 댓글 활용법 : 댓글 파도타기

동영상을 노출시키는 확실한 방법 중에 첫 번째는 댓글을 활용하는 방법, 일명 '댓글 파도타기'입니다. 댓글 파도타기는 신규 유튜브 채널이 채널 노출도를 올리기 위해서, 본인 채널과 비슷한 채널을 다니면서 댓글을 달아 홍보하는 방법입니다. 이때의 비슷한 채널이라면, 내 채널과 다루는 주제나 성격이 비슷한 채널을 말합니다. 댓글 파도타기를 활용하는 시기는, 내가 채널을 만들고 영상을 10개 미만으로 올렸을 때, 그리고 아직 구독자가 100명이 안될 때 사용합니다.

내 채널과 비슷한 채널의 구독자 수는 1,000명 내외여야 합니다. 대형 유튜버 채널들에 가서 댓글을 다는 것은 아무런 의미가 없습니다. 수많은 댓글이 달리기 때문에, 내가 아무리 댓글을 달아도 상위에 오르지 못하기 때문입니다. 구독자 1,000명 정도 신생 채널에서 나와 비슷한 콘텐츠를 하고 있는 채널을 검색해서 찾아야 합니다.

내 채널과 비슷한 다른 채널에 가서 댓글을 달고, 그 댓글을 본 다른 사람들이 내 이름을 클릭해서 내 채널로 유입되게 하는 것입니다. 이렇게 내 채널로 들어 온 사람들을 제가 다시 그 채널에 방문해서 자연스럽게 파도타기처럼 되는 방법입니다.

- 내 채널과 비슷한 콘텐츠를 만드는 채널(구체적으로 구독자가 1,000명 이하인 채널이어야 함, 대형 유튜버 채널에 다는 댓글은 무의미) 검색하기
- 이렇게 검색된 채널이 현재도 정상적으로 영상 업로드가 계속되고 있는 '활성화된 채널'인지 확인합니다.
- 최근 올라 온 영상에 달린 댓글들을 확인하고, 달린 댓글에 채널 운영자가 답 글로, 형식적이 아닌 소통을 하고 있는지 반드시 확인합니다.
- 내가 검색한 채널에 댓글을 단 사람들의 채널을 방문해서, 처음 검색한 채널 운영자가 그 채널에서도 댓글로 소통을 하고 있는지 확인합니다(이때 댓글을 타고 넘어 간 채널도 내 채널과 비슷한 콘텐츠를 다루는지 확인해야 합니다).
- 위의 과정들을 거치면서 검증이 완료됐으면, 내가 처음 검색했던 채널을 구독합니다.
- 구독을 하기 시작한 채널에서 최근 올라 온 동영상을 '처음부터 끝까지' 시청합니다.
- 영상을 주의 깊게 보고난 후에, 영상 내용에 맞는 성의 있는 댓글을 답니다.
- 성의 있는 댓글로 소통하면서, 내가 구독하는 채널 외에도 그 채널과 소통을 하는 다른 유사한 채널에도 방문하고 소통합니다.
- 댓글 파도타기는 구독자가 100명 모일 때까지만 합니다.

댓글 파도타기를 할 때 주의할 점
- 영상을 끝까지 제대로 시청하지 않고 댓글만 달게 되면 유튜브가 어뷰징으로 인식을 하게 됩니다.
- 영상을 끝까지 시청해야 합니다(물론 2배속으로 시청해도 됩니다).
- 영상 내용을 자세하게 봐야 합니다.
- 자세하게 봤으면, 내용과 관련 있는 댓글을 정성스럽게 달아야 합니다.
- 하루에 10개 이상의 댓글을 다는 것은, 유튜브에서 대량의 댓글로 인식하고 광고 계정으로 제재를 가합니다.
- 반드시 내 채널과 비슷한 주제를 다루는 채널에만 댓글을 달아야 합니다.
- 블로그에서 했듯이 '내 채널에 놀러와 주세요"방문해 주세요'라는 유도 또는 구독 유도 등은 절대 하면 안 됩니다.

(2) 구글애즈 광고 집행

구독자를 확실하게 늘리는 두 번째 방법은, 광고로 늘리는 방법인 '구글애즈'입니다. 구글 애즈는 구글에서 제작한 온라인 셀프 서비스 광고 프로그램입니다. 구글 광고를 통해서 구글 검색 사이트나, 구글 유입 사이트나 파트너, 그 다음 앱 등의 여러 곳에 텍스트나 이미지, 동영상 등을 올려서 광고하는 것입니다.

- 구글애즈로 광고 효과를 볼 수 있는 채널 유형은 대중적인 주제를 가지고 있는, 일명 'Global' 채널입니다. 대중적인 주제는 먹방이나 게임, 키즈, 요리, 애완동물, 댄스 및 길거리 음식 등을 다루는 것을 말합니다.
- 언어 장벽이 없이 비용대비 많은 구독자를 확보할 수 있는 광고 효과를 노릴 수 있습니다.
- 구글애즈로 광고 효과를 볼 수 없는 채널은 채널이 너무 초기라서 아직 세팅이 제대로 안 된 채널입니다. 업로드 된 동영상도 10개 미만이고, 구독자가 100명도 안 되는 채널을 말합니다.
- 교육이나 정보 제공, 리뷰 채널은 광고 효과가 떨어집니다.
- 구글애즈를 통해서 들어 온 시청자들이 보는 시청 지속시간은, 구글 수익 창출 조건인 4천 시간에는 들어가지 않습니다. 유입된 구독자 수만 인정합니다.

내 채널에 영상을 10개 이상 업로드한 후에, 구독자가 100명 정도 되었을 때 광고를 집행해야 합니다. 물론 내 영상에서 구독자 수나 조회 수가 가장 많이 나오는 영상을 신중하게 선택해야 합니다. 구글애즈 광고는 채널 초기에 구독자가 100명 정도일 때 짧게 해야 합니다. 기간과 타겟팅이 잘못되면 광고비용만 올라가고 효과는 떨어지기 때문입니다. 광고 후에는 반드시 클릭률이나 조회 수를 분석해야 합니다.

하나의 채널은 반드시 한 가지 주제만 다뤄야 합니다. 내 채널이 요리 채널인데, 어느 날 갑자기 브이로그도 올렸다가 여행 정보도 올렸다가, 최신 트렌드도 올렸다가 하면 구독자들이나 시청자들은 떠나기 마련입니다. 아무 영상이나 올리지 않고 신중하게 선택해야 합니다.

'매일 업로드하면 언젠가는 영상이 떡상한다?' 아주 잘못된 상식입니다. 조회 수가 낮은 영상을 계속 올리면 유튜브에서 광고 계정으로 인식을 하게 됩니다. 영상을 올린 지 일주일이 지났는데도 아무런 반응이 없다면 문제점을 파악해야 합니다. 썸네일이나 제목, 영상의 내용 중에서 어딘가 문제가 있습니다. 파악해서 수정해야 합니다.

8 _ 보고 싶게 만드는 제목 짓는 법

동영상 강의 QR 코드
https://youtu.be/d-KAEmkOqfY

제목에는 필요한 내용과, 한 가지 키워드만 적습니다

블로그에서 했던 것처럼 원하는 내용과 키워드를 모두 집어

넣어서 제목을 만들면 안 됩니다. 제목에는 간단하게 내가 중점적으로 다루는 키워드 한 가지만을 넣어야 합니다. 제목에 특수 문자나 숫자 등을 넣으면 안 됩니다. 유튜브에서 검색을 할 때 제목 앞쪽에서 검색을 하게 되므로, 가장 대표가 되는 중요 키워드를 앞에 넣어서 제목을 만들어야 합니다.

보기 쉽고 이해하기 쉬워야 합니다

내 동영상을 많은 사람들이 보게 하는 제목을 짓는 방법은, 보는 사람들이 가지고 있는 문제면서 한 번에 이해할 수 있는 제목입니다. 즉, 문제를 제기하고 이해하기 쉽고 즉각적이어야 한다는 것입니다. 사람들은 대부분 제목을 보고서 영상 전체 내용을 예상합니다. 제목이 흥미를 유발하지 못하고 추상적이거나 너무 구체적이라면 클릭률은 올라가지 않습니다.

강렬한 이미지나 단색 배경을 사용하고 눈에 잘 보이는 글씨체를 사용해야 합니다. YouTube는 내 동영상에 가장 커다란 주제가 되는 핵심적인 키워드 1개를 강조하는 문구로 만들어야 합니다. 단순하게 만들고 주제는 반드시 한 개만 표시합니다.

감정적인 요소를 자극해야 합니다

감정적인 요소를 자극한다고 해서 보는 사람들의 오감에 호소하는 것이 아닙니다. 누가 봐도 알 만한(꼭 그렇지는 않더라도 검증된) 권위자가 얘기하거나, 구체적이면서도 좋은 것들과 이익이 되는 요소들을 떠올려야 합니다. 제목에 구체적인 숫자를 넣으면 감정을 더욱 자극하는 요소가 됩니다(그래서 많은 YouTuber들이 '몇 개월 만에 몇 천만 원'이라는 제목들을 선호합니다).

감정적인 요소를 자극하는 또 다른 방법은 '기한'을 정하는 것입니다. 일, 월 단위로 기한을 정하고 구체적인 수치를 제시합니다. 단순하게 수치만 제시해서는 안 되고, 정해진 기한 안에 문제 제기를 하고, 그 문제에 대한 해결책을 제시한다는 암시를 명확하게 해야 합니다. YouTuber는 시청자들의 문제를 제시하고 해결하는 영상을 만드는 사람입니다.

9 _ 클릭을 부르는 썸네일 제작하기

썸네일을 제작하는 방법도 제목을 짓는 것과 유사합니다. YouTube 검색창에서 내가 올리는 동영상과 동일한 키워드로 검색을 합니다. 동일 키워드로 조회 수가 잘 나온 영상들을 분석해서, 그 사람들은 어떤 형태로 썸네일을 만들었는지 확인하고 벤치마킹해야 합니다. 추상적으로 어그로를 끄는 숫자나 말은 안 됩니다. 구체적인 숫자와 기한을 제시하고 궁금증을 유발하는 이미지를 만들어야 합니다. 제목과 중복되는 내용을 피해서 호기심을 이끄는 요소들을 이미지에 넣어야 합니다.

스마트폰 영상 촬영 준비하기

1 _ 스마트폰 영상촬영, 이것만은 알고 가자

동영상 강의 QR 코드
https://youtu.be/4K8VsiHd_74

YouTube 영상 촬영, 왜 스마트폰으로도 가능한가?

1. 스마트폰은 휴대와 사용하기가 편합니다.

일반 동영상 카메라와는 달리 휴대전화는 항상 가지고 다닙니다. 영상을 촬영하고 싶은 순간에 가방에서 무거운 카메라 장비를 꺼내야 할 일도 없습니다. 노출이나 다른 모든 것들을 생각할 필요 없이 그냥 촬영하면 됩니다. 물론 크기도 DSLR이나 미러리스 보다 작고 무게도 가볍습니다.

2. 스마트폰은 촬영 후 쉽게 편집하고 공유할 수 있습니다.

영상을 촬영한 후 편집 앱으로 쉽게 편집하고 소셜 미디어에 영상을 공유할 수 있습니다. PC로 옮겨서 전문 프로그램을 사용, 편집할 일이 없습니다. 그동안 쉽게 촬영할 수 없었던 타임랩스나 슬로우 모션 등의 영상을 촬영할 수 있습니다.

3. 스마트폰은 다양한 렌즈를 사용할 수 있습니다.

요즘 나오는 스마트폰들은 최소 2-3개의 렌즈를 장착하고 있습니다. 아이폰을 기준으로 본다면, 표준 26mm, 광각(울트라 와이드) 13mm, 망원 77mm 렌즈가 장착되어 있습니다. 만약 DSLR이나 미러리스에서 동등한 렌즈 기능을 사용하려면 최소 2개의 렌즈가 필요합니다. 휴대성이나 촬영할 때 쉬운 사용으로 본다면 스마트폰이 답입니다.

더 좋은 스마트폰 영상 촬영을 위한 기본 조건

1. 동영상 촬영할 때 스마트폰은 '비행기 모드'로 설정합니다.

스마트폰으로 동영상을 촬영하는 중에 전화가 오면 녹화가 중단됩니다. 동영상 촬영 중 전화나 각종 알림으로부터 방해받지 않으려면 '비행기 모드'로 설정하고 촬영합니다.

2. 스마트폰 렌즈를 깨끗이 유지합니다.

기본적인 이야기지만 많은 사람들이 스마트폰 카메라 렌즈를 잘 닦지 않습니다. 요즘 스마트폰은 카메라 돌출로 지문, 먼지 등에 취약합니다. 이러한 얼룩이나 먼지를 그냥 둔 채로 촬영하면 선명하고 좋은 영상은 나오지 않습니다. 항상 부드러운 천으로 청결을 유지해야 합니다.

3. 그리드(격자, 수평수직 안내선)를 설정합니다.

그리드(갤럭시에서는 수직/수평 안내선, 아이폰은 격자)는 스마트폰 화면을 가로 3분할, 세로 3분할한 선입니다. 그리드를 활성화함으로써 수직과 수평을 잘 맞출 수 있습니다. 또한 영상 퀄리티를 높이는 구도를 잡는데도 도움이 됩니다.

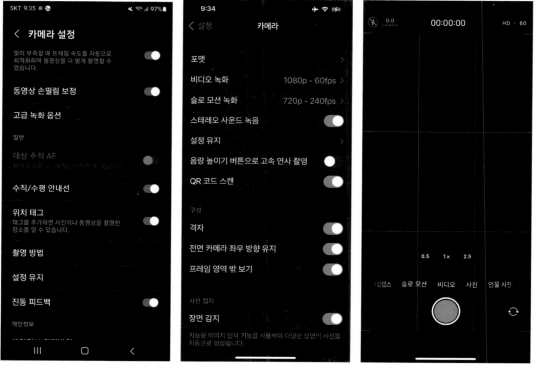

◆ 좌로부터 갤럭시 그리드 설정, 아이폰 그리드 설정, 그리드 설정 완료 화면

4. 프레임 영역 밖 보기 및 스마트 HDR 활성화합니다.

프레임 영역 밖 보기를 활성화하면 넓은 화면으로 촬영구도를 잡기 편해집니다. 그리드와 마찬가지로 영상 촬영할 때 '프레임 영역 밖 보기'를 활성화합니다. 또한 스마트 HDR을 활성화하면 더 많은 색 영역을 제공합니다. 더 풍성한 컬러 느낌 영상 촬영을 하려면 '스마트 HDR'이 항상 활성화 돼야합니다.

5. 동영상 해상도에 대한 이해와 설정

(1) HD / FHD / UHD / 4K / 8K

- HD : High Definition의 약자로 디지털 방송에 쓰이는 영상 해상도입니다. 720p로 표기되어 있으며, 1280×720 해상도입니다.
- FHD : HD 해상도 중에서 일부 높은 해상도를 Full HD(FHD)라고 합니다. 1080i 또는 1080p로 표기되고, 1920×1080 해상도입니다. 우리나라 HDTV 방송들은 모두 이 해상도를 사용합니다. HD나 FHD를 마케팅적으로 구분하고 있지만, 둘 다 같은 규격입니다. FHD보다 더 발전한 단계가 UHD입니다.
- 4K / 8K : 4K는 FHD 화질의 4배(3840×2160)이상, 8K는 FHD 화질의 16배(7680×4320)입니다. 현재 아이폰은 4K, 갤럭시는 8K 해상도를 지원하고 있습니다.

명 칭	너비(px)	높이(px)	픽셀 수	화 소
HD	1,280	720	921,600	100 만
FHD	1,920	1,080	2,073,600	200 만
UHD	3,840	2,160	8,294,400	800 만
4 K	4,096	2,160	8,847,360	880 만
8 K	7,680	4,320	33,177,600	3,300 만

◆ 스마트폰 카메라 해상도 비교

(2) 초당 24 / 30 / 60fps의 의미

영상을 시청하거나 촬영할 때 우리는 초당 24, 30, 60 프레임이라는 용어를 보게 됩니다. 이때 구분 표시인 fps(Frame Per Second)는 1초당 프레임 수, 화면을 말합니다. 사람의 눈은 1초 동안 8-16개의 이미지를 볼 때 자연스러움을 느낍니다. 즉, 프레임 수치가 높을수록 자연스럽고 부드러운 동작을 보게 되는 것입니다. 영화를 촬영할 때는 24fps, 텔레비전은 30fps, 스포츠 영상은 60fps를 주로 사용합니다.

다시 말씀 드리면, 동영상은 움직이는 이미지를 말합니다. 1초에 24장이나 30장, 60장의 사진을 연속적으로 보여줌으로써 이미지가 움직이는 것처럼 보이는 것입니다. 어린 시절 책 모서리에 그림을 그려서 주르륵 넘기던 기억들 있으시죠? 1초에 24장의 이미지를 보여 주는 것과 30장 이상의 이미지를 보여줄 때 어느 것이 끊김 없이 더 부드럽게 보일지는 예상이 가능합니다.

초창기 영화는 사진에서 사용하는 필름을 사용했습니다. 필름 단가가 비싸다보니 12-24장(fps)를 주로 사용했기에 부자연스런 움직임이 보입니다. 지금도 촬영을 할 때 영화 느낌을 살리고 싶다면 24fps를 사용하고, 일반적으로는 30fps가 대세입니다. 단, 1초당 프레임 수(fps)는 상황에 맞게 선택해야 합니다.

(3) 4K / 8K

갤럭시는 8K, 아이폰은 4K 영상 촬영을 지원합니다. 앞의 해상도에서 살펴봤지만, 4K, 8K는 동영상이 최상의 화질로 촬영되고 보입니다. 그러면 이 해상도를 사용해서 촬영해야 할까요? 일부 4K 지원되는 텔레비전이나 영상 매체들이 있지만 아직 시청하기는 불편합니다. 미래를 위한 장기적인 관점에서 촬영하고 보관하겠다면 필요합니다. 단, 스마트폰의 많은 용량을 차지한다는 것을 명심해야 합니다.

6. 동영상 안정화(일명, 손떨림 방지)를 설정합니다.

갤럭시나 아이폰 모두 동영상을 촬영할 때 광학식 안정화 기능(일명, 손떨림 방지)을 제공합니다. 스마트폰의 자이로스코프와 가속도계의 정보를 이용해서 움직임을 보정하는 기능입니다. 영상을 촬영하는 동안 손이 떨리거나, 걸으며 촬영할 때 훨씬 안정적인 영상을 얻을 수 있습니다.

7. 줌 기능을 사용하지 말고 피사체 가까이 다가갑니다.

스마트폰에서 제공하는 줌 기능을 사용하게 되면 동영상 화질 저하는 피할 수 없습니다. 가능한 한 줌을 사용하지 말고 피사체에 가까이 다가가서 촬영하십시오.

YouTube 영상의 색과 감성을 살리는 화이트밸런스

디지털 카메라에서 사진이나 영상을 촬영할 때 중요한 부분의 하나가 바로 '화이트밸런스'입니다. 사진은 빛을 다루는 예술이라는 말은 많이 들었습니다. 이때의 빛은 빛을 발하는 물질, 광원을 말합니다. 광원은 각자 고유의 색을 가지고 있는데, 사진이나 영상이 어떤 빛에서도 내 눈이 보는 것처럼 사물 고유의 색을 그대로 보이도록 조절하는 것이 중요합니다.

모든 카메라 기기는 사람의 눈처럼 빛의 색을 자동으로 받아들이지 못합니다. 사용자가 촬영하는 빛에 따라서 색온도를 카메라에 맞춰줘야 합니다. 같은 장소에서 촬영을 했는데, 편집을 하려고 영상 소스를 불러와 보니까 각각 색이 다르다면 난감합니다. 이 부분을 해결하기 위해서 들이는 시간과 노력도 만만치 않습니다. 이런 문제를 사전에 해결하기 위해 '화이트밸런스'에 대해 아는 것은 중요합니다. 스마트폰에서 자동으로 조절하니까 신경 쓸 일이 아니라고 할 수도 있습니다. 하지만 광원이 여러 개 섞이거나, 상황이 계속 바뀐다면 이 부분이 문제가 될 수 있습니다.

촛불의 따뜻한 빛이나, 동트기 전 새벽, 해 지고 난 후의 푸른 빛, 한낮의 백색광선 등 다양한 색입니다. 색온도는 이런 빛의 색을 수치로 표현한 것입니다. 기준이 되는 빛이 한 낮의 태양광으로 5,500K°(캘빈도)로 나타냅니다. 색온도는 흰색과 검은색으로 조절하는데 흰색을 조절하는 방법이 '화이트밸런스'입니다. 기본적인 색온도를 알아두고 촬영할 때 신경 써야 합니다.

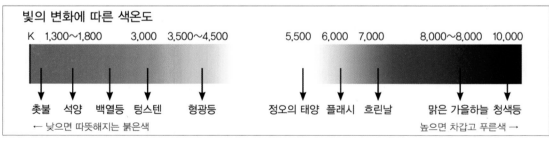

◆ 빛의 변화에 따른 색온도

색온도는 낮을수록 붉은색 계열이고, 높을수록 푸른색 계열입니다. 자동으로 사용할 수 있지만 갤럭시 프로모드에서는 수동으로 조절할 수 있습니다(아이폰은 수동 조절 기능이 없습니다). 흰색을 기준으로 내 눈이 보는 것과 비슷하게 영상의 색을 조절해야 합니다.

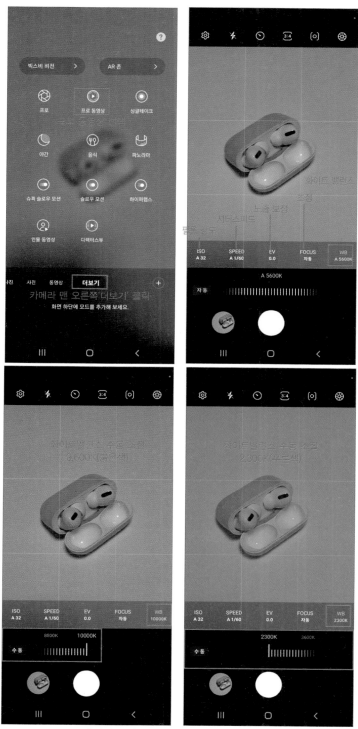

◆ 갤럭시 스마트폰에서 화이트 밸런스 조절하기

1 카메라 어플을 열고 아래 메뉴 맨 오른쪽 '더보기-프로 동영상'을 선택합니다.

2 영상을 수동으로 조절할 수 있는, ISO와 셔터 스피드, 노출 보정, 내장 마이크, 화이트 밸런스가 보입니다.

3 '수동' 부분을 터치하면 '자동'으로 바뀌면서 화이트밸런스를 자동으로 잡아 줍니다.

4 화이트밸런스를 '수동'에서 오른쪽(10,000 방향)으로 이동하면 붉은색으로, 왼쪽(2,300 방향)으로 이동하면 푸른색으로 화이트밸런스가 설정됩니다.

5 조명에 따라 화이트밸런스를 조절해서 눈에 보이는 흰색이 흰색답게 보이도록 조절합니다. 자동으로 해도 되지만 여러 조명이 섞인 상태에서는 수동 조절이 필요합니다.

▷ TIP 영상 촬영 기획에 참고 할 사이트

❶ 유튜브 : www.youtube.com
전 세계의 모든 동영상이 업로드 되어있습니다. 영상 콘텐츠의 트렌드를 분석하고 다양한 영상을 접할 수 있습니다. 원하는 단어나 키워드를 입력하면 다양한 자료나 영상을 쉽게 검색할 수 있습니다.

❷ 비메오 : http://vimeo.com
사용자가 직접 만든 동영상 공유 웹사이트로 매일 품질 좋은 영상들을 만날 수 있는 곳입니다. 썸네일이나 텍스트, 구도 등에 대한 영감을 얻을 수 있습니다. 유튜브에 비해 사용자 수는 떨어지지만, 영상의 퀄리티가 뛰어납니다. 영상에 대한 전반적인 지식과 영감을 얻을 수 있습니다.

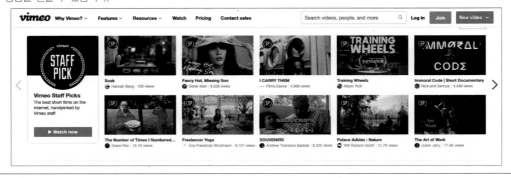

❸ ADIC(광고정보센터) : www.adic.or.kr

가입만하면 누구든지 이용할 수 있는 광고 전문 포탈 사이트입니다. 방송통신위원회 방송통신발전기금으로 운영되는 곳입니다. 광고 정보, 광고물 데이터 베이스, 매거진, 전문 자료 등 다양하게 참고할 수 있습니다.

❹ 비디오콘 : www.videocon.io

비디오콘은 영상 콘테스트 플랫폼입니다. 영상이 필요한 클라이언트와 영상 제작자들을 공모전 형태로 연결시켜주는 사이트입니다. 공모전 형태이다 보니 다양한 영상들이 제작되고 있어 영상의 전체적인 틀을 잡기 좋습니다. 기업이 운영하는 사이트지만 최신 경향의 영상들을 비교해 볼 수 있는 곳입니다.

2 _ 좋은 편집은 좋은 촬영에서 나온다

스마트폰 영상 촬영할 때 흔들리지 않는 기본자세

사진도 마찬가지지만 동영상 촬영을 할 때도 흔들림이 없이 촬영하는 것이 중요합니다. 요즘 스마트폰들은 대부분 '손떨림 보정' 기능을 갖추고 있습니다. 이 기능 덕분에 영상을 촬영하면 흔들림 없는 영상을 얻을 수 있습니다. 하지만 걸으면서나 이동하면서 영상을 찍을 때 바른 자세를 갖추지 않으면 흔들릴 수 있습니다. 보조 장비인 '짐벌(다음 파트에서 다룸)' 등을 사용할 수 있지만, 우선은 기본 촬영 자세부터 알아보겠습니다.

1. 영상 촬영 기본자세

스마트폰의 줌 기능을 사용하면 흔들림이 더 심해집니다. 줌 기능을 사용하지 말고 피사체에 가까이 다가가거나 멀리 떨어져서 촬영하는 것이 좋습니다.

1 사진, 동영상 동일하게 스마트폰을 잡은 양팔 팔꿈치는 옆구리에 최대한 밀착시킵니다.

2 걸으면서 촬영을 하려면 무릎을 살짝 구부립니다.

　발뒤꿈치를 조금 들어 고양이가 걷는 것처럼 앞으로 천천히 이동하며 촬영합니다.

영상 화면에 피사체를 담는 방법, 샷(Shot)과 카메라 워크(Work)

1. 영상 촬영을 위한 카메라 샷(인물 촬영을 기준으로)

우리가 일반적으로 YouTube에서 사용되는 샷의 종류는 정해져 있습니다. 정보전달과 사건 설명이 주요 내용이라 '바스트 샷, 웨이스트 샷'이 주로 사용됩니다. 하지만 영상에서 사용되는 기본 샷의 종류를 알고 있으면 나중에 더 좋은 영상을 만들 수 있습니다. 기본에 대해 익히고 어떻게 촬영할 것인지 생각해야 합니다. 다양한 샷으로 단조로운 영상에서 벗어날 수 있습니다.

❶ 클로즈 업 샷 (Close Up) : 피사체, 인물의 얼굴 전체를 화면 가득 확대하는 기법입니다. 인물 촬영의 경우 대부분 눈썹에서 턱까지를 클로즈 업 샷으로 부릅니다. 얼굴 이외의 부분이 보이지 않음으로써 인물의 표정, 감정을 잘 드러냅니다.

❷ 익스트림 클로즈 업 샷 (Extreme Close Up) : 인물의 특정 부위, 눈이나 입술 등을 화면에 가득 차게 보여주는 샷입니다. 클로즈 업 샷보다 더 확대해서 촬영하는 기법입니다. 인물의 내면 심리상태, 감정 표현을 할 때 주로 사용됩니다.

❸ 바스트 샷 (Bust Shot) : 머리에서 가슴까지 화면에 가득 채워서 촬영하는 샷입니다. 가장 많이 사용하는 샷으로 안정적인 삼각형 구도의 화면을 만듭니다. 뉴스나 인터뷰, 강의 등에 많이 사용되며, 인물의 이야기에 집중시키는 샷입니다

❹ **웨이스트 샷 (Waist Shot)** : 인물의 허리 부분부터 위쪽으로 상반신을 보여주는 샷입니다. 미디엄 샷이라고도 합니다.

❺ **니 샷 (Knee Shot)** : 인물 무릎에서 위쪽으로 상반신을 보여주는 샷입니다. 인물의 상반신 움직임을 보여주거나, 샷과 샷을 연결할 때 주로 사용합니다.

❻ **풀 샷 (Full Shot)** : 인물 전신과 배경을 같이 보여주거나, 인물에 관심을 집중시키는 샷입니다. 하나의 장면에서 피사체 전부가 보이므로 프레임 속에 있는 모든 피사체에 동일한 관심을 줍니다. 인물의 등장이나 움직임, 방향 감각 등을 나타냅니다.

❼ **롱 샷 (Long Shot)** : 풀샷보다 더 넓게 보여주는 샷으로 인물과 주변 인물, 상황을 한꺼번에 보여주는 샷입니다. 전체적인 상황을 설명할 때 주로 사용됩니다.

2. 영상 촬영을 위한 카메라 워크

카메라 워크(Camera Work)는 영상을 촬영할 때 카메라를 고정하거나 이동, 또는 렌즈를 이동시켜 촬영하는 기법을 말합니다. 카메라 워크에 대한 이해를 바탕으로 다양한 영상 연출이 가능합니다.

❶ **패닝 (Panning)** : 카메라를 고정시킨 상태에서 수평방향 좌우로 움직이는 기법입니다. 같은 수평선상에 있는 여러 개의 피사체를 한 번에 담을 때 사용합니다. 또한 움직이는 피사체를 촬영할 때 움직임을 따라가며 촬영하는 기법입니다. 인물 촬영 할 때 인물 사이의 관계를 나타낼 때도 사용합니다.

❷ **틸팅 (틸업/틸다운) (Tilting, Tilt Up/Tilt Down)** : 패닝이 카메라가 수평방향 이동이면 틸팅은 수직 방향 이동입니다. 높은 건물 등 피사체 높이를 강조하거나 보는 사람의 심리를 피사체로 이끌어 갈 때 사용합니다. 틸업은 카메라를 아래에서 위쪽으로 올리면서 촬영하는 기법입니다. 틸다운은 위에서 아래로 내리면서 촬영하는 기법입니다.

❸ **트래킹 (Tracking)** : 트래킹은 좌우로 움직이는 피사체를 카메라가 쫓아가며 촬영하는 기법입니다. 카메라는 피사체가 움직이는 방향으로 같이 움직입니다. 패닝하고 비슷하게 생각되지만, 패닝은 카메라가 고정되어 있고 촬영자만 허리를 돌리는 것이고, 트래킹은 카메라 자체도 피사체를 따라 움직이는 것입니다.

❹ **주밍 (줌인/줌아웃) (Zoom, Zoom In/Zoom Out)** : 렌즈 화각을 광각에서 망원으로, 또는 그 반대로 움직이며 촬영하는 기법입니다. 줌인은 광각에서 망원으로, 줌아웃은 망원에서 광각으로 움직입니다.

❺ **달리 (달리인/달리아웃) (Dolly, Dolly In/Dolly Out)** : Dolly는 움직이는 장치에서나 장비에서 카메라가 앞뒤로 움직이며 촬영하는 기법입니다. 촬영용 트레일러에 올라타고 움직이거나, 카메라를 장비나 어깨에 메고 움직이며 앵글을 변화시켜 촬영하는 기법입니다. 언뜻 보기에 트래킹이나 줌과 비슷하지만, Dolly는 카메라와 피사체 간의 거리가 변해서 입체감과 공간감을 주는 것이 차이입니다.

❻ **아크 (Arc)** : 아크는 피사체를 중심으로 반원형으로 움직이며 촬영하는 기법입니다. 피사체 좌, 우로부터 180° 반원을 그리며 촬영합니다. 피사체를 고정시키고 여러 각도에서 배경변화를 보여주면서 흥미를 유발하는 촬영 기법입니다.

3. 장면에 적합한 앵글 찾기

카메라 앵글(Angle)은 한 마디로 촬영하는 각도, 즉 카메라의 각도입니다. 앵글은 항상 바라보던 익숙함에서 벗어나 새로운 시각을 찾는 방법입니다. 앵글은 피사체와 카메라 사이의 관계를 보여줍니다. 앵글은 피사체를 바라보는 차이에 따라 인물이나 풍경의 느낌이 완전히 달라집니다. 사진을 촬영할 때와 비슷하지만 약간의 차이가 있습니다. 영상 촬영할 때 피사체를 바라보는 촬영 각도는 다음과 같습니다.

❶ **감정을 전달하는, 하이 앵글 (High Angle)** : 카메라가 높은 관점에서 피사체를 내려다보며 촬영하는 기법입니다. 피사체의 감정을 전달하거나 부정적인 정보를 보여줄 때 사용합니다. 위에서 내려다 보는 각도라서 인물을 왜소하거나 나약하게 표현합니다.

❷ **일반적인 촬영 앵글, 아이 레벨 (Eye Level)** : 피사체와 카메라 눈높이가 같은 위치에서 촬영하는 기법입니다. 가장 일반적인 촬영 기법으로 안정되고 편안한 분위기를 나타냅니다. 수평앵글이라고도 합니다.

❸ **강하고 위엄있게, 로우 앵글 (Low Angle)** : 카메라가 피사체 보다 낮은 위치에서 촬영하는 기법입니다. 인물인 경우 피사체를 강하고 위엄 있게 표현합니다.

❹ **긴장감을 묘사는, 경사 앵글 (Canted Angle/Dutch Angle)** : 머리를 옆으로 기울이는 것과 같은 25~45° 정도 기울인 촬영 기법입니다. 피사체의 심리적 불안 상태를 표현하거나 긴장을 묘사할 때 쓰입니다.

◆ 하이 앵글(좌측) / 로우 앵글(우측)

◆ 아이 레벨(좌측) / 경사 앵글(우측)

화면 공간 배치에 따른 촬영 기법

1. 인물에 대한 집중도를 살리는, 헤드룸 (Head Room)

헤드룸은 피사체인 인물 머리 윗부분 공간을 말합니다. 헤드룸이 넓으면 인물에 대한 집중도가 떨어지고 전체적으로 불안정한 화면이 됩니다(단, 사진에서는 헤드룸이 어느 정도 확보되어야 디자인적인 면이 살아납니다).

2. 안정적인 공간 배치 리드룸 (Lead Room)

리드룸은 피사체가 이동하는 방향, 시선이 향하는 방향으로 공간의 여백을 주는 것을 말합니다. 화면이 안정적으로 보이려면 피사체가 움직이는 방향, 시선이 향하는 방향 앞쪽에 여백을 많이 줘야합니다. 뒤쪽으로 여백이 많아지면 불안하고 답답한 화면이 될 수 있습니다.

영상 퀄리티를 높여주는 촬영 구도 알아보기

구도는 미술에서 나온 말로 '그림에서 모양, 색깔, 위치 등의 짜임새'를 말합니다. 회화의 구도가 사진에서는 '빛과 색, 조화와 원근법 등의 사진 요소를 한 장면 안에 안정감 있게 배치하는 것'을 말합니다. 주제가 되는 피사체를 한 장면 안에 의도한 대로 구성하는 것입니다. 구도는 사진 촬영할 때와 마찬가지로 영상에서도 중요한 요소입니다. 영상에서 구도는 '장면을 구성하는 요소가 프레임 안에 배열되는 방식'입니다.

사진과 달리 영상의 구도는 '움직임'을 생각하고 구도를 잡아야 합니다. 피사체의 움직임과 더불어 카메라의 움직임도 고려해야 합니다. 항상 '내가 보여주려고 하는 것이 무엇인가?'를 생각하고 촬영해야 합니다.

1. 수평 유지 및 화면 중앙 배치

가장 먼저 살펴야 할 것은 수평 확인입니다. 앞부분 '더 좋은 스마트폰 영상 촬영을 위한 기본 조건'에서 그리드(격자, 수직/수평 안내선)를 활성화 했던 것 기억나시죠? 그리드를 활성화하는 것이 영상의 수직과 수평을 맞추기 위한 것이라고 했습니다. 영상은 의도적으로 화면을 기울이지 않는 이상 항상 수평이어야 합니다. 수평이 어긋나게 되면 영상이 불안정하게 보입니다.

YoyTube 영상에서 가장 많이 쓰이는 것이 '화면 중앙 배치'입니다. 피사체인 인물을 화면 중앙에 바스트 샷, 웨이스트 샷(미디엄 샷)으로 배치하는 구도입니다. 피사체와 영상을 보는 사람의 눈높이가 같아 공감대 형성과 동등한 느낌을 줍니다. 같은 공간에서 대화를 나누는 것처럼 느껴집니다.

2. 구도의 기본, 3분할 구도

3분할 구도는 사진이나 영상 촬영에 사용되는 가장 기본적인 기법입니다. 화면의 가로와 세로를 각각 3등분한 두 개의 선의 교차점에 피사체를 배치하는 구도입니다. 주제를 제외한 공간이 전체적으로 안정된 화면을 만듭니다.

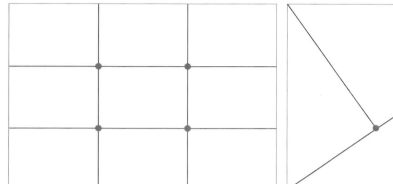 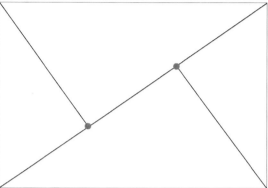

◆ 3분할 구도(좌측)와 3분할 구도의 확장인 트라이앵글 구도(우측)

3 _ 스마트폰 영상 촬영에 필요한 보조 장비

우리는 영상 촬영에 사용할 장비로 스마트폰을 선택했습니다. 스마트폰 하나로 웬만한 카메라 보다 좋은 것은 사실이구요. 하지만 저렴한 가격의 기본 장비들을 추가한다면 고품질의 영상을 얻을 수 있습니다. YouTube를 처음 시작할 때는 없어도 좋지만, 있으면 더욱 좋은 보조 장비 등에 대해서 알아보겠습니다. 장비에 대한 욕심은 끝이 없으니까 참고한다고 생각하시면 됩니다.

YouTuber가 선호하는 카메라

일반적으로 YouTuber가 선호하는 카메라를 말씀드리자면 확실한 정답은 없습니다. 사람들마다 선호하는 화각이나 색상이 다 다르기 때문이죠. 검색해서 나오는 많은 카메라 중에 어떤 걸 선택해야 할지 난감합니다. 가격대도 저렴한 것부터 천차만별입니다. 이럴 때는 각 카메라 제조사에서 브이로그 전용으로 출시한 보급형 카메라를 권장합니다. 크기도 크지 않고 가벼워서 휴대도 편리하고 간단한 조작으로 촬영이 가능합니다.

YouTube를 위한 카메라를 고를 때는 기본적으로 살펴봐야 할 사항들이 있습니다. 스마트 폰을 대체해서 편하자고 하는 것인데 사용이 불편하다면 안 되니까요. 아래와 같은 기준으로 Canon 제품 1개, Sony 제품 2개를 골라 봤습니다. 물론 이 카메라들보다 더 저렴한 것들도 있습니다. 하지만 장기적으로 전문가급 영상을 필요로 할 것을 고려했습니다.

- 영상 촬영할 때 장면을 쉽게 볼 수 있는 플립, 틸트 LCD 화면
- 외부 모니터에서 영상 확인이 가능한 HDMI 출력 기능 여부
- 이동하면서 촬영할 때 편리한 카메라 자동 포커스
- 외장형 마이크를 연결할 수 있는 단자
- 빠른 초점을 위한 얼굴 인식 기능 장착
- 흔들림을 잡아 주는 광학식 손떨림 보정(Optical Image Stabilization)
- 저감도에서 촬영 가능한 높은 필름감도(ISO)
- 앞으로 대세인 4K 해상도 지원 여부

명칭	소니 사이버샷 DSC-RX100 IV	캐논 파워샷 G7X Mark III	소니 ZV-1
가격	70 - 80만원	80 - 83 만원	90 - 95만원
손떨림보정	광학식손떨림보정(5축)	광학식손떨림보정	손떨림보정
ISO	12,800 (확장 25,600)		
LCD	틸트, 플립, 셀카	풀터치 틸트업, 셀카	각도 조절식, 셀카
동영상 촬영시간	5 분	90 분	무제한
4K 지원	4K, 30프레임	4K, 30프레임	4K
기타 특징	HDR		
	듀얼레코딩		타임랩스
	ND 필터		ND 필터
	RAW 지원		
	HDMI 출력		
		라이브스트리밍 지원	3캡슐 지향성마이크
	Wifi 무선전송		
		외부마이크 지원	외부마이크 지원
			세로방향 촬영 지원

사운드를 생생하게 전달하는 마이크

많은 전문가들은, 장비를 추가하고 싶다면 카메라 보다는 마이크와 조명을 먼저 구입하라고 조언합니다. 깨끗한 음질과 고른 사운드, 화사한 이미지가 더 좋은 영상을 만드니까요. 여기서는 스마트폰용 외장마이크만 살펴보려고 합니다. YouTube 영상에서 전문 YouTuber들이 실내에서 사용하는 마이크는 '방송용 콘덴서마이크'라고 합니다. YouTuber라면 한 번 사용해보고 싶지만, 초보자들에게 추천하지 않습니다. 소음을 제어할 수 있는 조건이 갖춰지지 않으면 독이 될 수 있기 때문입니다.

1. 스마트폰용 외장마이크 종류

스마트폰용 외장 마이크를 구매하실 때 자주 보이는 문구가 '지향성'입니다. 지향이라니까 방향을 말하는 것 같은데 무엇인지 알 수 없습니다. 지향성이란 마이크가 레벨이나 음색 변화에 상관없이 소리를 받아들이는 범위를 각도로 표현한 것입니다. 또한 요즘 스마트폰들은 마이크를 연결할 수 있는 3.5mm 이어폰 단자가 없습니다. 외장 마이크를 사용하기 위해서는 3.5mm 변환 젠더가 필요합니다(10,000원 이내 가격).

- 단일 지향성 : 정면에 대한 감도가 가장 좋은 마이크입니다. 마이크 뒤쪽에서 나는 소리는 잘 받아들이지 못합니다. 한쪽 방향으로만 감도를 올리는 방식으로 보컬용이나 악기에 주로 사용
- 무(전) 지향성 : 모든 방향에서 소리를 동일하게 받아들입니다. 상하좌우 모든 방향의 음에 대해 동일한 감도를 가지며, 주변 모든 소음까지 잡아내지만 잔향이 없다.
- 양 지향성 : 마이크 정면부와 후면부로만 소리를 받아들입니다. 마이크 측면으로 갈수록 감도가 떨어집니다. 정면부 직접음과 후면부 반사음을 받을 수 있습니다.

명칭	요소 미디어 YS-PM500	BOYA BY-M1	BOYA BY-A7H
가격	25,000 원	13,000 원	22,000 원
품목	핀마이크		
형태	유선형	유선형	유선형
용도	PC용, 녹음용	PC용, 카메라, 스마트폰용	스마트폰용
지향성	무지향성	전지향성	무지향성
단자	3.5mm(스마트폰 연결 젠더 필요)		
부가기능		고정클립, 윈드스크린	윈드스크린

항공샷을 위한 버티컬 삼각대

삼각대는 3개의 다리로 카메라, 스마트폰을 지지하는 장비입니다. 영어로 Tripod이며, 무게를 지탱하면서 떨리는 것을 방지하는 역할을 합니다. 버티컬 삼각대는 사진이나 영상을 수직으로 촬영할 수 있도록 도와주는 장비입니다. 비용 면에서 고가의 제품들도 많지만 스마트폰을 거치하는 것이라서 가성비 좋은 것으로 구입하시길 추천합니다.

초보 YouTuber가 사용하기 좋은 조명

고품질의 영상을 위해서 마이크 다음으로 중요한 것이 조명입니다. 브이로그 촬영, 제품 언박싱, 강의 영상 등에 조명이 있는 것과 없는 것은 많은 차이가 있습니다. YouTube 촬영용 조명은 많은 비용을 지불할 필요가 없습니다. 단지 사각형 LED 조명을 쓸 것인지, 링 라이트를 사용할 것인지 결정하면 됩니다. 저는 '버티컬 삼각대+26cm 링라이트조명 부착' 제품을 사용하고 있습니다(평균 2-3만 원대).

조명 제품은 저가형(2만원~)부터 고가의 사각형 LED 지속광 조명(15만원~)까지 다양합니다. 어느 회사 제품을 특정해서 추천 드리기 어렵습니다. YouTube 영상을 어떤 용도로 촬영할 것인지에 따라 선택을 하셔야 합니다. 구매후기를 꼼꼼히 읽으시고 가성비 좋은 제품을 선택하시길 바랍니다. 비싸다고 해서 좋은 제품이 아닙니다. 용도에 맞는 제품을 선택하시고, 우선은 좋은 영상을 기획하고 촬영하는 것이 더 중요합니다.

2교시에서는 무료지만 전문가급 프로그램인 스마트폰 영상 편집 프로그램 VITA에 대해 알아보고 메뉴 구성과 기본적인 편집들에 대해 알아봅니다.

스마트폰 영상 편집 기본 기능 익히기

01

편집 프로그램 둘러보기

이제 모든 촬영이 끝났으면 편집을 시작할 순서입니다. 현재 스마트폰용 편집 프로그램은 안드로이드와 iOS용으로 다양하게 나와 있습니다. 비타, 키네마스터, 파워디렉터, 프리미어 러쉬, 블로, 캡컷, 비디오데이 등 어느 것을 쓸지 난감합니다. 각 어플마다 장, 단점이 있으니 어느 것이 특별히 좋다고 할 수는 없습니다. 이중에서 어느 것을 사용할 것인지는 편집자가 편리한 프로그램을 쓰시면 됩니다. 단, 필자는 다음과 같은 이유로 'VITA(비타)'를 추천합니다.

- 안드로이드/iOS 모두 사용 가능한 제품인가?
- 사용조건이 없는 무료인가?
- 초보자가 편집하기 쉽고 사용이 편리한가?
- 다양한 무료 템플릿과 필터, 효과, 소스 등을 제공하는가?
- 전문가용 편집 기능을 제공하는가?
- 저작권 걱정 없는 배경음악과 효과음을 제공하고 종류가 다양한가?
- 최신 트렌드를 반영한 소스들을 제공하는가?
- 무료 버전에서도 워터마크를 지울 수 있는가?

1 _ 워터마크 없는 무료 편집 어플의 최강자, VITA

VITA의 장점 및 설치

VITA 설치하기

동영상 강의 QR 코드
https://youtu.be/J-jWC45SmEs

VITA(이하 '비타')는 안드로이드와 iOS에 모두 사용가능한 무료 어플입니다. 스마트폰 카메라 어플로 유명한 '스노우'를 만든 회사에서 만들었습니다. 메뉴가 직관적이라 초보자들도 사용하기 편리한 어플입니다. 플레이스토어나 앱 스토어에서 '비타'를 검색하셔서 어플을 설치합니다.

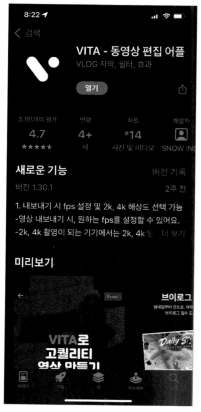 

◆ 비타 설치(좌측) / 비타 실행 화면(우측)

VITA의 장점

❶ 사용자 위주의 손 쉬운 영상 편집 – 템플릿과 프로젝트

VITA에는 동영상을 만드는 데 사용할 수 있는 무료 템플릿이 수백 가지 있습니다. 이 템플릿에는 영상 효과, 편집 컷, 음향효과와 멋진 배경음악이 포함되어 있습니다. 누구든지 템플릿과

비슷한 느낌과 같은 길이의 동영상을 촬영하면 클릭 한 번으로 동영상을 만들 수 있습니다. 영상 편집에 대해 조금 알고 있다면 프로젝트를 이용해서 영상을 만들 수도 있습니다.

❷ 다양한 자막 효과 및 스티커

❸ 최신 트렌드와 스타일리시한 효과

❹ 다양한 필터 효과 제공

❺ 저작권 걱정 없는 다양한 배경음악과 효과음

❻ 자동 자막 기능

❼ 무료이면서도 워터마크 제거 가능

VITA는 설정에서 아무런 조건 없이 워터마크를 제거할 수 있습니다. 다른 무료 어플들이 워터마크를 제거하는데 비용이 드는 것과 차이점입니다. VITA 시작화면 우측 상단에 있는 조절 레버 모양을 누르면 설정으로 들어갑니다. 맨 위에 있는 VITA 마크를 비활성화하시면 됩니다.

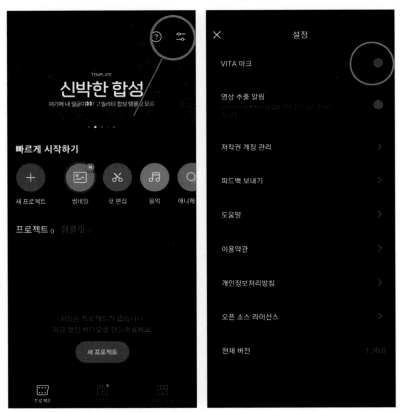

◆ VITA 시작화면(좌측) / 설정-워터마크 제거(우측)

비타 편집 화면 구성 및 설명

메인화면

VITA를 실행하시면 위와 같은 메인화면이 나옵니다. 위쪽 메뉴는 빠르게 실행하는 부분이고, 아래쪽의 프로젝트와 템플릿은, 동영상을 편집하는 방식입니다.

❶ **템플릿 :** 다른 이용자들이 작업해서 올린 것입니다. 비슷한 영상을 촬영한 다음 적용하기만 하면 되는 쉬운 편집입니다. 템플릿을 선택하면 아래에 필요한 이미지 컷 수, 영상 길이 등이 표시되어 있습니다. '사용하기'를 눌러 필요한 이미지와 영상을 넣으면 자동으로 영상이 완성됩니다. 템플릿은 튜토리얼, NEW, YouTube, 예능, 인스타그램, TicTok 등등 다양하게 구분되어 있습니다.

템플릿으로 완성된 영상도 다시 타임라인으로 불러와서 내가 원하는 대로 편집할 수 있습니다. 템플릿으로 작업하실 경우 주의할 점은, 사용된 음악의 저작권을 확인하셔야 하는 것입니다. 많은 사용자들이 작업해서 올린 것이라 간혹 무료사용이 불가능한 음악을 사용한 경우가 있어 확인이 필요합니다.

❷ **프로젝트** : 사용자가 직접 영상을 편집하는 것입니다. 직접 자르고 붙이고, 효과 넣고, 음악 넣고 텍스트 추가하고 등을 할 수 있습니다. 영상 편집을 해 본 사람이나 초보나 직관적이라 사용이 편리합니다.

❸ **무료스토어** : 아래쪽 맨 우측 무료스토어에는 최신 경향의 템플릿, 필터, 효과, 텍스트 등이 제공되고 있습니다.

영상 편집 도구

소스를 불러와서 영상 편집을 시작하면 아래에 보이는 것처럼 많은 메뉴들이 보입니다. 스마트폰임에도 불구하고 다양한 편집도구들을 제공하고 있습니다. 스타일, 영상비율 조정, 효과, 사운드, 텍스트, PIP(화면 속에 사진이나 영상 삽입), 영상 소스들, 스티커, 모자이크 기능, 필터, 배경, 속도 조절 등 전문 편집 프로그램에서 제공하는 기능들입니다. 도구들이 직관적이라 몇 번 하다보면 금방 익힐 수 있습니다.

해상도와 영상 비율 설정하기

❶ 동영상 해상도 : 해상도는 가로 × 세로 픽셀입니다.

동영상 해상도	가로	세로
SD(Standard Definition)	720	360/480
HD(High Definition)	1280	720
Full HD(High Definition)	1920	1080
2K	3840	2160
4K	4096	2160

해상도는 컴퓨터에서 동영상이 표시되는 가로세로 비율입니다. YouTube의 표준 가로세로 비율은 16:9입니다. VITA는 권장 해상도 1920×1080을 비롯해서, 최신 경향의 4K 해상도까지 지원합니다. 주로 사용되는 해상도별 크기는 아래와 같습니다.

16 : 9

9 : 16

4 : 3

3 : 2

❷ 프레임 속도 : 프레임 속도는 1초에 몇 장의 프레임이 표시되는지 측정하는 것으로 fps(Frame Per Second : 초당 프레임 수)라고 합니다. 프레임 속도는 연속된 이미지가 디스플레이에 순서대로 표시되면서 동영상을 만들어 내는 것을 말합니다. 표준으로 사용되는 24fps라는 것은 1초에 24장의 사진이 재생된다는 것입니다(책의 앞 부분을 참고). 영화, 드라마 등에 사용되는 프레임 속도는 24fps입니다. SNS영상, 광고나 YouTube용 영상은 가장 널리 사용되는 30fps입니다. 오래된 영화 느낌으로 만들려면 12-16fps입니다. FPS를 높여서 촬영하면 영상이 부드러워집니다. 60~240fps는 슬로우 모션용을 사용할 수 있습니다. 높은 속도로 촬영하면 편집할 때 속도를 늦게 조절할 수 있습니다.

❸ 예상파일 크기 : 해상도와 프레임 속도가 결정되면 영상이 완성됐을 때 예상 파일 사이즈가 바로 밑에 표시됩니다. 이 사이즈는 효과 등이 적용되지 않은 것입니다.

타임라인의 이해

타임라인은 간단하게 말해서, 영상이나 오디오 등의 프로그램에서 편집이 진행되는 공간입니다. 타임라인의 원래 뜻은, 일이나 계획, 사건 따위를 시간의 경과에 따라 나열하거나 정리해 놓은 것을 말합니다. 이것이 영상 편집프로그램에서 모든 비디오 클립(소스), 오디오 클립, 효과 및 전환 등이 시간 순으로 배치된 것입니다. 클립을 영상 편집 프로그램으로 가져올 때 효과를 적용하려면 먼저 타임라인에 클립을 배치해야 합니다.

타임라인은 영상 편집의 모든 기본 사항인 영상 소스들을 재 정렬하고 편집할 수 있습니다. 타임라인의 어느 지점에서나 프로젝트를 확인할 수 있습니다. 타임라인은 현재 편집 중인 프로젝트를 미리보기 하는 것입니다. 타임라인은 영상을 내 마음대로 만들어 낼 수 있는 캔버스와 같습니다. 타임라인을 사용해서 클립을 정렬하고 수정을 할 수 있습니다.
(클립은 짧게 또는 길게 녹화된 영상 파일 1개를 의미합니다.)

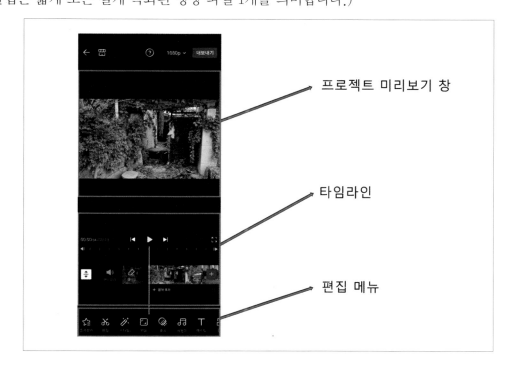

프로젝트 미리보기 창

타임라인

편집 메뉴

❶ **타임 인디케이터** : 타임 인디케이터는 타임라인 위에서 영상 어느 부분을 보는지 알려주는 '안내선'입니다. 인디케이터란 말이 '표지'니까 그 정도로 이해하시면 됩니다. 영상 편집할 때 자주 나오는 용어라서 말씀 드립니다. 아래 사진에서 타임라인에 빨간색으로 표시된 수직선입니다.

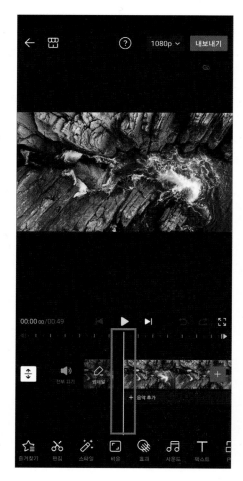

❷ 타임라인의 확장 : 타임라인은 동영상 클립을 비롯해서 오디오 클립, 효과, 자막, 스타일, BGM 등 다양한 소스들을 보여주는 곳입니다. 편집 작업이 추가되면 타임라인에 자동으로 소스들이 추가된 것을 볼 수 있습니다.

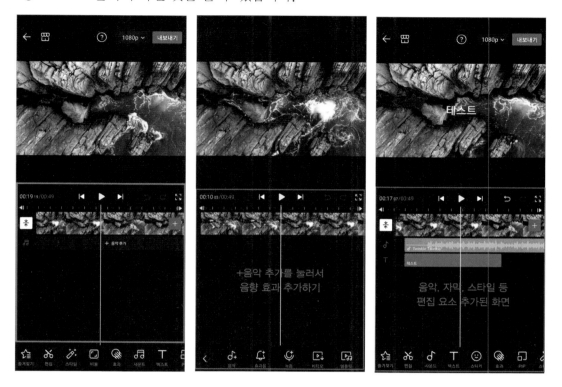

02

YouTube 영상 편집 무작정 따라하기

1 _ 비타를 이용한 영상편집 두 가지 방법

동영상 강의 QR 코드
https://youtu.be/vAPS-IGBges

모든 것이 귀찮은 왕초보라면, 템플릿 편집

영상 편집을 처음 시작하시는 분들은 어떤 것부터 해야 할지 어렵습니다. 능력이 된다면 당연히 '프로젝트'로 들어가서 동영상 편집을 하는 것이 맞습니다. 하지만 초보들은 메뉴조차 생소합니다. 이럴 때 VITA 의 템플릿 기능은 아주 유용합니다. 초보자들도 쉽게 영상 편집의 재미를 느낄 수 있고, 성취에 대한 자신감이 생깁니다.

VITA 시작화면에서 템플릿을 선택하면 이미 만들어진 영상들이 보입니다. 트렌드, 레트로, 심플 등 추천 템플릿을 비롯해서, 인기, YouTube, 예능, 인스타그램, TicTok, 그리고 요즘 새롭게 떠오르는 메타버스를 반영한 Zepeto까지 다양합니다.

1. YouTube 영상 템플릿 편집

그럼 먼저 템플릿을 이용해서 YouTube용 영상 편집을 해보겠습니다.

1 템플릿에서 중간 메뉴 중 'YouTube'를 누릅니다. 제일 먼저 나와 있는 'YouTube Intro' 영상을 만들어 보겠습니다. 템플릿을 선택하면 영상이 나오면서 왼쪽 아래 부분에 영상 길이와, 필요한 동영상 개수가 나옵니다. 전체 길이는 16초에 필요한 영상 개수는 7개니까, 각 클립 당 2초 정도의 짧은 영상이 필요합니다(영상은 사전에 준비되어 있으면 템플릿 이용이 쉬워집니다).

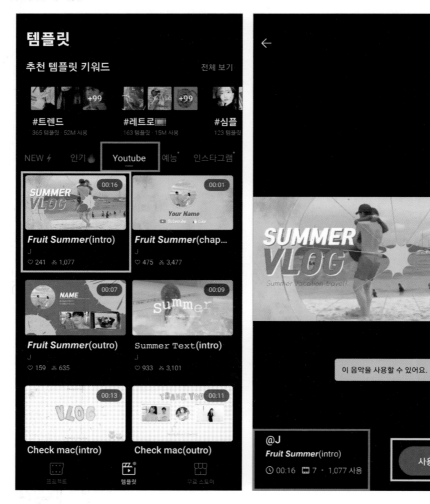

❷ 오른쪽의 '사용하기'를 누르면 필요한 영상을 추가하라는 안내 메시지가 나옵니다. 필요한 영상 각각의 시간들도 표시되어 있습니다. 사전 영상 준비가 되어있지 않으면 바로 촬영해서 사용할 수 있습니다(시간을 맞춰서 촬영해도 좋지만 그렇지 않을 경우 자동으로 편집이 됩니다). 영상을 선택하고 '다음'을 누르면 자동으로 영상이 완성됩니다. 완성된 영상의 비디오 클립이나 텍스트를 변경하고 싶으면 '편집'을 눌러 편집합니다. 각각의 클립마다 영상을 바꾸거나 순서를 변경할 수 있습니다. 영상 사이즈 확대도 할 수 있습니다. 텍스트를 눌러 내가 원하는 폰트나 내용으로 변경도 가능합니다.

3 모든 편집이 완료되면 오른쪽 윗부분에 있는 '내보내기'로 영상을 저장합니다. VITA는 프로젝트에서 작업한 영상은 자동 저장합니다. 하지만 템플릿을 이용해서 만든 영상은 자동으로 저장하지 않습니다. 반드시 해상도를 결정하고 '내보내기'로 저장하셔야 합니다. 작업한 영상이 저장 완료되면 공유하기 화면이 나옵니다. 각종 해시태그를 달아 YouTube, Instgram, Facebook등의 SNS에 즉시 공유할 수 있습니다.

2. 템플릿으로 손쉽게 인스타그램 릴스 만들기

대표적인 SNS로 자리잡고 있는 인스타그램은 사진을 넘어 이제 동영상까지 넘보고 있습니다. 인스타그램은 '릴스'라는 기능을 업데이트 해, 15-30초 정도의 영상을 만들 수 있습니다. 릴스는 인스타그램 어플에서 만들 수 있지만, VITA 어플에서도 템플릿으로 간단하게 만들 수 있습니다. 릴스(Reels)는 효과, 음악, 스티커와 크리에이티브 도구 등 영상 편집과 비슷한 기능을 하는 도구입니다.

릴스를 통해 짧은 동영상을 제작해서 구독자를 늘리고 홍보하는 효과를 줄 수 있습니다. 사람들은 릴스를 통해 자신을 표현하고 창의성을 나눌 수 있습니다. 릴스의 성공을 본받아 YouTube도 'Shorts'를 만들었습니다. Shorts와 인스타그램 릴스는 책 뒷부분에서 다루도록 하겠습니다. 여기서는 템플릿으로 릴스를 만들어 보겠습니다. 사용되는 편집 메뉴도 다음 파트에서 배우니까 여기서는 만드는 요령만 배우면 됩니다.

1 VITA를 열어 릴스를 만들 영상을 선택합니다. ▶ 소스 영상 파일 : 31
2 편집 메뉴에서 '효과 – 얼굴 인식 – 네온 효과'를 적용합니다.
3 흑백이니까 오래된 필름 느낌으로 만들기 위해 '레트로 – VHS4 효과'를 선택합니다.
4 화면 분할과 영상 크기 조절로 역동적인 느낌을 더합니다. 영상 클립을 손으로 눌러 선택하고 '분할'을 누릅니다.
5 강조하고 싶은 부분 '크기'를 눌러 줌인/줌아웃 되는 영상을 만들 수 있습니다.
6 영상 시작을 오래된 VHS 필름 느낌으로 했으니까, 끝나는 부분도 오래된 필름 느낌으로 '레트로 – OFF 4'를 선택합니다.
7 해상도를 결정하고 내보내기 합니다. ▶ 소스 영상 파일 : 31_1
8 저장이 완료되면 SNS에 바로 공유할 수 있습니다.

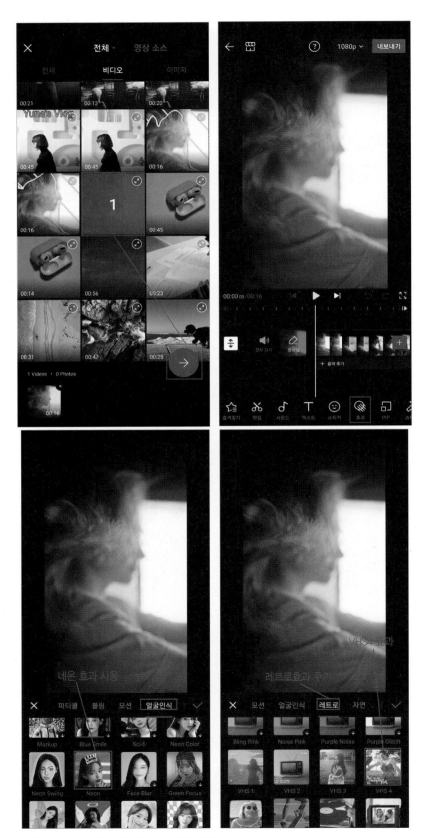

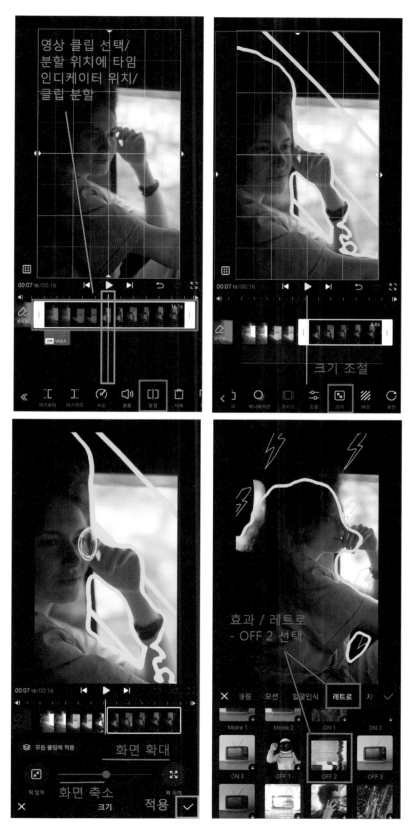

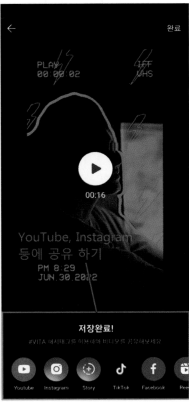

3. 템플릿으로 브이로그 영상 쉽게 만들기

템플릿을 이용한 동일한 방법으로 브이로그 영상도 쉽게 만들 수 있습니다.

1 VITA를 열어 브이로그를 만들 영상을 불러옵니다. ▶ 소스 영상 파일 : 33

2 편집 메뉴에서 '스타일'을 선택하면, Simple, Playlist, Blimg, Vlog 등의 메뉴가 나옵니다. 이 중에서 임의로 'Simple-Story'를 선택합니다.

3 템플릿이 적용된 화면에서 타임라인에 있는 자막 소스를 누릅니다.

4 자막 내용과 스타일, 색상, 글꼴, 크기 등을 변경할 수 있습니다.

5 필요 없다고 생각되는 자막 부분은 삭제할 수 있습니다.

6 타임라인에서 또 다른 자막을 선택해서 내용 등을 조절 합니다.

7 변경이 다 끝났으면 해상도를 결정해서 내보내고, 바로 SNS에 공유할 수 있습니다

▶ 소스 영상 파일 : 33_1

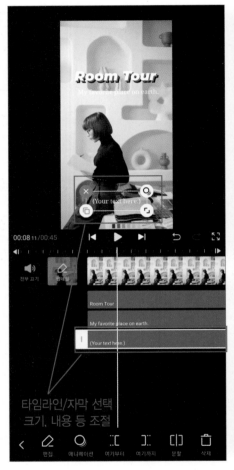
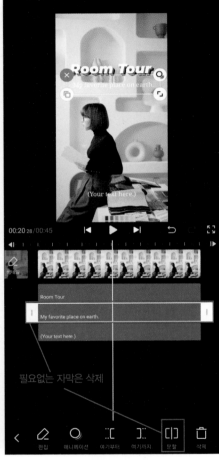

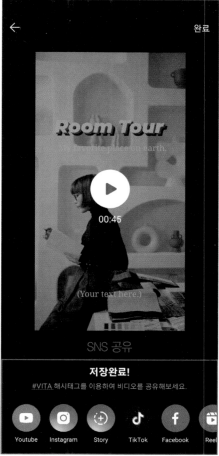

경험자도 왕초보도 손쉬운 사용, 프로젝트 편집

VITA에서 영상 편집을 하는 또 다른 방법은 '프로젝트'입니다. 프로젝트 편집도 이용방법은 간단합니다. VITA 처음 화면에서 이번에는 '새프로젝트'를 눌러줍니다(옆에 있는 '빠르게 시작하기'메뉴를 눌러 영상 편집을 할 수도 있습니다). 프로젝트를 누르면 다음화면에서 선택할 수 있는 '영상 클립'들이 보입니다. 원하는 클립들을 선택하고 화살표를 누릅니다. 영상 편집을 할 수 있는 타임라인 화면이 나옵니다.

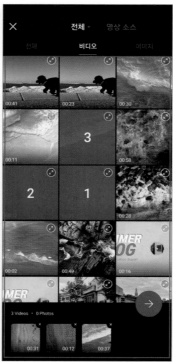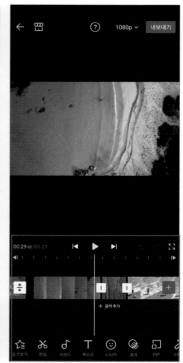

이제부터 본격적으로 영상 편집을 시작합니다. 프로젝트를 이용한 영상 편집은 다음 파트에서 본격적으로 다루겠습니다. 다양한 영상 편집 어플이 존재하지만 쉽게 사용할 수 있는 VITA로 나만의 영상을 만들 수 있습니다.

2 _ 스마트폰 영상 편집의 시작, 프로젝트 편집

영상 편집을 위한 소스 : 사진이나 영상 불러오기

소스(Source)는 영상 제작이나 편집에 활용되는 재료가 되는 모든 파일을 말합니다. 촬영한 동영상 원본, 다운로드 받은 영상, 음악, 효과음, 사진 등 소스는 다양합니다. 영상 편집을 시작하려면 타임라인에 소스들을 불러옵니다. 방법은 '새프로젝트'를 누르면 자동으로 내 스마트폰에 있는 영상과 이미지들이 보입니다. 원하는 영상이나 이미지 등을 선택하고 다음을 누르면 됩니다.

TIP 무료 이미지와 동영상 소스 쉽게 구하는 사이트

1. 무료 이미지 사이트

(1) 언스플래쉬 (Unsplash : https://unsplash.com)

언스플래쉬는 200만개 이상의 무료 고해상도 이미지를 제공하는 무료이미지 사이트입니다. 전 세계의 사진가들이 사진을 제공하고 있어 예술적이고 아름다운 사진들이 많습니다. 언스플래쉬의 모든 이미지들은 상업적, 비상업적 목적으로 사용할 수 있습니다. 물론 저작자 표시 없이 사용할 수 있습니다.

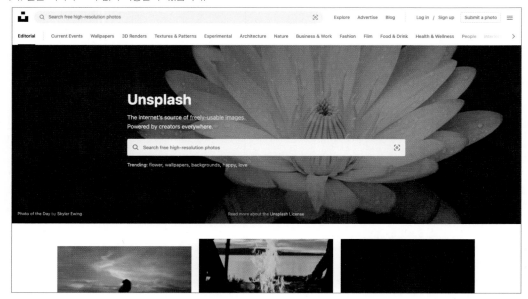

(2) 픽사베이 (Pixabay : https://pixabay.com)

픽사베이는 국내에서 잘 알려진 무료 이미지 사이트입니다. 2백만 개 이상의 무료 사진과 일러스트, 벡터 이미지를 보유하고 있어 디자이너나 편집자들이 자주 이용합니다. 전문가와 비전문가들이 올린 사진이 섞여 있지만, 탐색하기 쉽고 자료가 방대합니다. 픽사베이의 모든 이미지는 완전 무료이고 저작자 표시가 필요하지 않습니다.

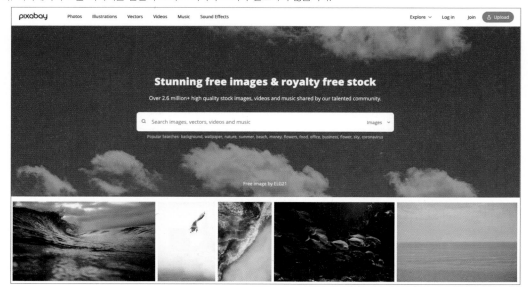

(3) 펙셀 (Pexels : https://www.pexels.com)

펙셀은 3백만 개가 넘는 무료 이미지를 보유하고 있습니다. 이미지 검색이 쉽고, 인기 이미지를 추천하므로 그 중에서 사용할 수 있습니다. 컬렉션 별로 추천 이미지를 모아 놓아서 테마별 검색도 가능합니다. 다양한 품질로 다운로드가 가능하며 저작권과 저작인접권이 무료입니다. 무료 동영상 다운로드도 가능합니다.

(4) 쇼피파이 버스트 (Burst : https://burst.shopify.com)

쇼피파이에서 제공하는 버스트는 국내에 잘 알려져 있지 않지만, 웹사이트 및 상업적 사용을 위한 무료 고해상도 이미지를 제공합니다. 전문작가가 촬영한 저작권 없는 고품질 이미지가 많습니다.

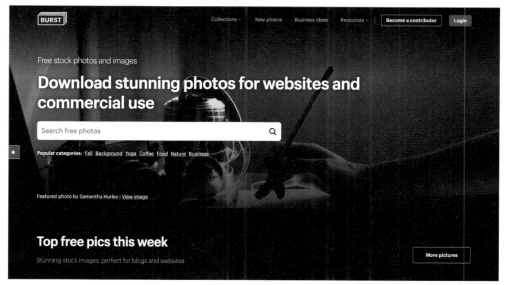

2. 무료 영상 소스 사이트

(1) 펙셀 (Pexels : https://www.pexels.com)

• 다양한 영상 클립들을 구할 수 있으며, 저작자 이름을 표시할 필요 없는 무료 영상 소스 사이트입니다.
• 모든 영상은 CC0 라이센스(저작권 및 저작인접권 Free)가 적용되어 개인 및 상업용 사용이 무료입니다.
• 'Popular Video'를 이용하면 사용자들이 많이 사용하는 영상을 확인할 수 있습니다.
• 'Popular Searches'를 이용. 영상을 만들 때 어떤 영상들을 활용하는지 알아 볼 수 있습니다.

(2) 픽사베이 (Pixabay : https://pixabay.com)
- 무료 이미지 사이트를 평정하고 동영상 부분까지 넘보는 사이트입니다.
- 저작자 표시 없는 영상이 대부분이지만, 간혹 퀄리티가 뛰어난 영상은 유료이기도 하므로 확인하셔야 합니다.
- 모든 영상들은 MP4 포맷으로 다운로드 가능하며 개인용, 상업용으로 사용 가능합니다.
- 사용자들이 직접 많은 영상들을 올리며, 전반적으로 1분 이내 짧은 영상들이 많습니다.

(3) 라이프 오브 비즈 (Life Of Vids : https://lifeofvids.com)
무료 동영상 사이트로는 국내에 잘 알려져 있지 않은 곳입니다. 위 두 곳의 사이트에서 부족했던 영상들을 찾아 볼 수 있는 사이트입니다. 'Life of Vids'라는 이름에 걸맞게 실제 생활에서 볼 수 있는 사실적인 영상들이 있습니다. 컬렉션으로 구분이 되어 테마에서 이미지를 검색할 수 있습니다. 무료로 구하기 힘든 '드론 촬영 동영상' 소스도 구할 수 있습니다.

(4) Videvo (https://www.videvo.net)
수천 개의 무료 영상 소스 및 사용자들이 만든 모션 그래픽, 음악 및 오디오 효과 등을 제공합니다. 저작권은 영상마다 표시되어 있으니 사용 가능한 범위를 확인하시고 사용하시면 됩니다.

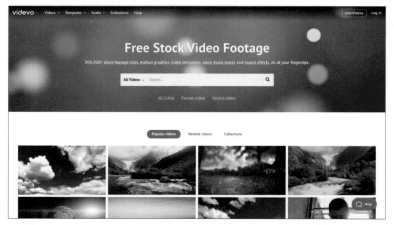

❶ Videvo Attribution License – 영상 소스를 무료로 사용가능 하지만 원 제작자의 정보를 입력해야 합니다.
❷ Creative Commons 3.0 – 영상 소스 무료 사용 및 리믹스, 개조가 가능합니다.
❸ Public Domain License – 사용에 제한이 없는 조건입니다.

3. CC 라이선스
무료 이미지와 영상 소스를 사용할 수 있는 저작권에 관련된 부분은 책 뒤쪽 'YouTuber가 알아야 할 저작권'에서 자세하게 다루고 있습니다. 저작권의 종류 및 저작권 관련해서는 그 Part를 참고해 주세요.

재생 버튼으로 재생하고 멈추기

1. 소스 불러오기

1 VITA 어플을 열고 '새 프로젝트'를 선택합니다.

2 화면에서 원하는 영상을 클릭하고 아래 부분의 '다음' 화살표를 누릅니다.

3 이미지도 동일한 방법으로 클릭하고 화살표를 누릅니다.

4 편집 화면으로 이동합니다.

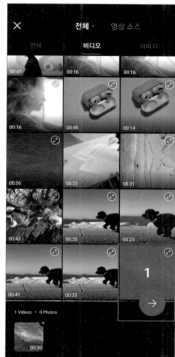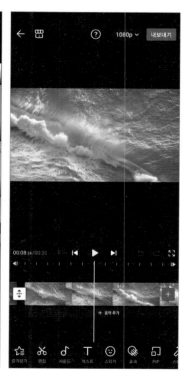

2. 재생 버튼으로 영상 모니터링 하기

본격적으로 VITA를 열어 영상 편집을 시작합니다. 편집이란, 어떤 사건이나 일들을 기획의 도와 상황에 맞게 장면을 선택하고 배열하는 것을 말합니다. 편집은 단순하게 영상 클립을 나열하는 것에 그치지 않고, 같은 화면이라도 어떻게 편집하느냐에 따라 의미와 메시지는 많이 달라집니다.

이러한 영상 편집을 세분화하면, 가 편집과 종합 편집으로 나눌 수 있습니다. '가 편집'은 말 그대로 '정식으로 편집을 하기 전에 임시로 하는 편집'입니다. 영상 클립을 원하는 대로 배치하고 흐름에 맞게 연결하는 작업입니다. '종합 편집'은 자막, 효과 및 BGM 등의 다양한 편집을 하는 과정입니다.

VITA 편집 화면에서 가운데 있는 '플레이' 버튼을 눌러서 영상을 전체적으로 탐색할 수 있습니다. 또는 밑에 타임라인에 있는 영상 클립을 손가락으로 누른 상태에서 좌우로 이동하면서 탐색할 수도 있습니다. 이렇게 영상을 재생해서 촬영, 녹화된 클립을 순서대로 배열합니다. 내가 원했던 의도와 이야기 흐름에 맞지 않으면 영상 순서를 바꿀 수 있고, 필요 없는 컷은 삭제할 수 있습니다. 가 편집은 영상의 방향성과 어떻게 구성을 할지 결정하는 단계입니다.

3 _ 편집의 기본, 컷 편집

동영상 강의 QR 코드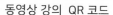
https://youtu.be/u2caBzf7okQ

동영상을 편집할 때 동영상을 잘라내는 컷 편집은 가장 기본이 되는 편집 작업입니다. 컷 편집은 내가 말 하고자 하는 이야기를 전개해가는 일종의 '스토리텔링'입니다. 영상 소스들을 불러와서 필요한 부분을 남기고 나머지는 잘라내는 과정입니다. 남아 있는 영상들을 재배치해서 이야기를 만드는 작업이 컷 편집입니다. 그러므로 컷 편집은 영상 편집의 시작과 끝이라고 할 수 있습니다.

컷 편집이 중요한 이유는, 컷 편집 단계에서 영상 편집의 50% 정도가 끝나기 때문입니다. 컷 편집으로 전달하려는 기획의도를 확실히 하는 것입니다. 컷 편집이 잘 끝나야 나머지 작업들이 빛을 발합니다.

컷 편집 시작

1️⃣ VITA를 실행해서 '새프로젝트'를 클릭합니다.

2️⃣ 예제 영상들을 선택하고 화살표 '다음'을 누릅니다.

3️⃣ '플레이' 버튼을 눌러서 이동하거나, 손가락으로 영상을 클릭해서 이동하다가 컷 편집을 원하는 부분에 '타임 인디케이터'를 둡니다.

4️⃣ 아래 메뉴에서 가위 모양 '편집' 버튼을 눌러 영상 클립을 나눕니다. 아래 메뉴 중 '분할' 버튼을 누릅니다. 타임 인디케이터가 놓여진 '여기부터' 선택됩니다.

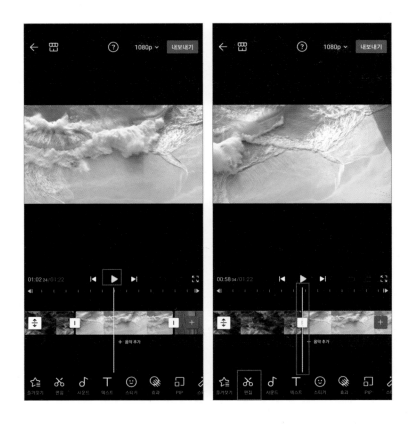

5 원하는 곳에 타임 인디케이터를 두고 아래 메뉴 '여기까지'를 누릅니다.

6 표시된 앞부분은 전부 지워집니다. '삭제'를 눌러 삭제합니다.

7 처음 자른 클립 부분과 타임 인디케이터가 놓여진 부분 사이 영상이 지워집니다.

8 '뒤로가기' 화살표를 눌러 처음 화면으로 돌아갑니다(각각 편집 작업을 마치고 난 후에는 반드시 '뒤로가기' 버튼을 눌러 처음 화면으로 돌아와서 다음 편집을 해야 합니다).

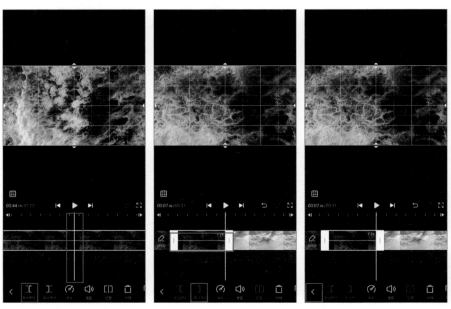

영상 편집에서 가장 중요한 컷 편집 이해하기

(1) 컷 편집의 종류

초보자가 '영상 편집에 대해서 하나도 모르는데 컷 편집 종류까지 알아야 하나'라고 할 수 있습니다. 하지만 컷 편집의 종류와 방법에 대해 알아둠으로써, 컷 편집이 단순하게 장면을 잘라 붙이는 방법이 아니라는 것을 이해하는 것이 중요합니다. 장면 전환 효과(트랜지션)를 사용하지 않더라도 다양한 컷 편집만으로 충분히 스토리를 이어나갈 수 있습니다.

❶ **표준 컷 (Standard Cut)** : 일반적으로 가장 많이 쓰이는 컷과 컷을 잘라서 단순하게 이어 붙이는 방법입니다. 어색함이 없이 표준 컷만으로 영상을 이어나가는 것이 최상의 방법입니다.

❷ **점프 컷 (Jump Cut)** : 클립 중간의 불필요한 부분을 삭제하는 방법입니다. 보는 사람을 사로잡을 수 있는 빠르고 재미있는 컷 편집 방법입니다. 긴 영상을 잘라서 시간을 뛰어 넘는 편집으로 영상의 속도와 이해를 높일 수 있습니다.

❸ **J 컷 (J Cut)** : 영상의 다음 부분 오디오가 먼저 나오고 그다음 영상이 나오는 방법으로 반드시 사용해야 하는 컷 편집 방법입니다. 현재 영상 클립 위에 이어지는 영상 클립을 끌어당김으로써 오디오로 먼저 보는 사람을 다음 장면으로 안내하는 것입니다. 간단하지만 보는 사람으로 하여금 자연스럽게 화면이 연결되도록 합니다.

❹ **L 컷 (L Cut)** : J 컷과 반대로 현재 영상 클립 오디오를 다음 영상 클립으로 끌어 당기는 방법입니다. 대화를 하거나 행동을 할 때 자연스럽게 보여줄 수 있는 방법입니다.

❺ **커팅 온 액션 (Cutting on Action)** : 컷 편집 중에서 가장 많이 보았고 중요한 방법입니다. 움직이거나 머리를 돌린다든지, 걷거나 뛰든지 하는 것과 같이 피사체가 어떤 동작을 하고 있는 중에 잘라 자연스럽게 이어붙이는 방법입니다. 보는 사람들의 시선을 이 장면에서 저 장면으로 자연스럽게 이동시킬 수 있는 방법입니다.

❻ **크로스 컷팅 (Cross-Cutting)** : 말은 어려워 보이지만, 동일한 캐릭터가 같은 장소나 다른 장소에서 촬영한 영상을 교차 편집하는 것입니다. 한 번에 두 가지 이야기를 전할 수 있는 방법입니다.

❼**컷 어웨이 (Cutaways)** : 메인 영상 클립 중간에 상황을 알려주는 B 컷이나 영상을 삽입시켜 보는 사람들이 캐릭터의 환경이나 상황을 이해하도록 하는 것입니다.

❽ **몽타주 (Montage)** : 몽타주는 점프 컷과 비교할 수 있습니다. 점프 컷이 시간을 뛰어 넘는 편집 방식이라면, 몽타주는 시간의 경과(흐름)를 보여주는 방법입니다.

❾ **매치 컷 (Match Cut)** : 현재 영상 클립에 다른 상황의 영상을 자연스럽게 붙이는 방법입니다. 트랜지션 효과를 사용하기에 좋은 편집 방식입니다. 방법은 캐릭터가 어떤 일을 하고 있을 때 잘라서, 다음 장면에서는 다른 장소, 캐릭터와 함께 움직임을 마무리하는 것입니다. 보는 사람들의 시선을 원하는 방향으로 자연스럽게 이동시킬 수 있습니다.

(2) VITA에서 표준 컷 편집 다시 해보기

1 VITA 어플을 열어서 컷 편집을 할 영상 클립을 가져옵니다.

2 플레이 버튼이나 클립을 손가락으로 움직여서, 영상 어디를 잘라야 할지 전체적으로 살펴봅니다.

3 '편집-분할'을 눌러서 영상을 원하는 대로 자릅니다.

4 '여기부터'를 눌러 시작부분을 정리하고, 컷 편집을 할 마지막 부분을 다시 '편집-분할'합니다. '여기까지'로 영상 끝 부분을 정리하고 '삭제'합니다.

5 편집 첫 화면으로 돌아 와서 '내보내기'로 저장합니다.

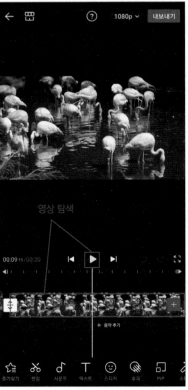

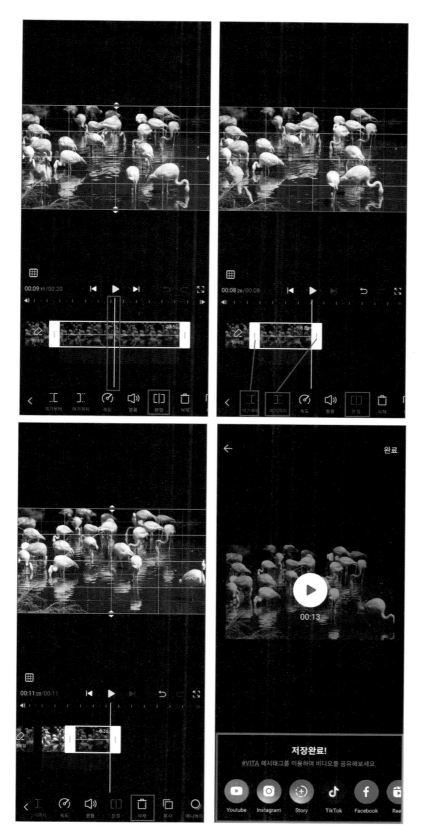

영상 소리 크기 조절하는 방법(feat.음악 넣기/썸네일 만들기)

1 VITA를 열어서 편집할 영상을 불러옵니다. 영상에 오디오 클립이 없으므로 '사운드'를 눌러 무료로 제공되는 '음악(또는 효과음 등)'을 추가합니다. ▶ 소스 영상 파일 : 45

2 '음악'은 원하는 구간을 선택할 수 있고, 시작과 끝 부분을 '페이드 인/페이드 아웃'시켜서 자연스럽게 만들 수 있습니다.

3 '음악 볼륨'은 0%에서부터 200%까지 조절할 수 있습니다.

4 오디오 소스는 선택된 영상 클립만 켜고 끌 수 있고, 영상 전체를 선택해서 오디오를 켜고 끌 수 있습니다.

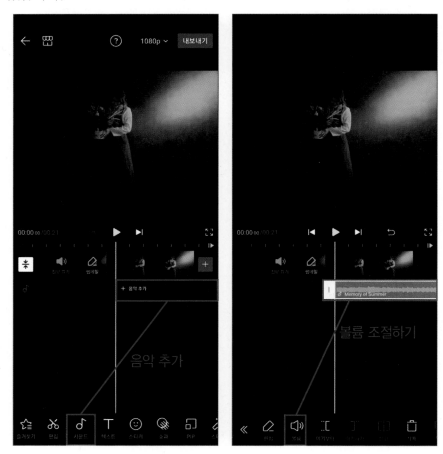

오디오 구간 선택

02:48

100%

볼륨 조절 0%~100

페이드 인   페이드 아웃

오디오 시작과 끝을
자연스럽게 만들기

확인

모든 비디오의 볼륨이 꺼졌습니다.

00:00 00 /00:21

전부 끄기   썸네일

♪ Memory of Summer

오디오 끄기
영상 클립 전체 끄기
영상 클립 일부 끄기

음악   효과음   녹음   비디오   템플릿

5 뒷부분에서 다룰 내용이지만, 영상을 나타낼 대표 이미지인 '썸네일'을 만들어 보겠습니다. 타임라인에 있는 '썸네일'을 클릭합니다.

6 썸네일로 사용할 이미지는 영상에서 프레임을 선택하거나 갤러리에서 불러올 수 있습니다. 썸네일은 아래에 있는 메뉴로 템플릿이나 텍스트, 스티커, 프레임 등을 이용해서 편집할 수 있습니다.

7 만들어진 썸네일은 영상 앞부분에 넣을 것인지, 따로 내 기기에 저장했다가 나중에 YouTube에 업로드할 때 사용할 것인지 결정합니다. ▶ 소스 영상 파일 : 45_1

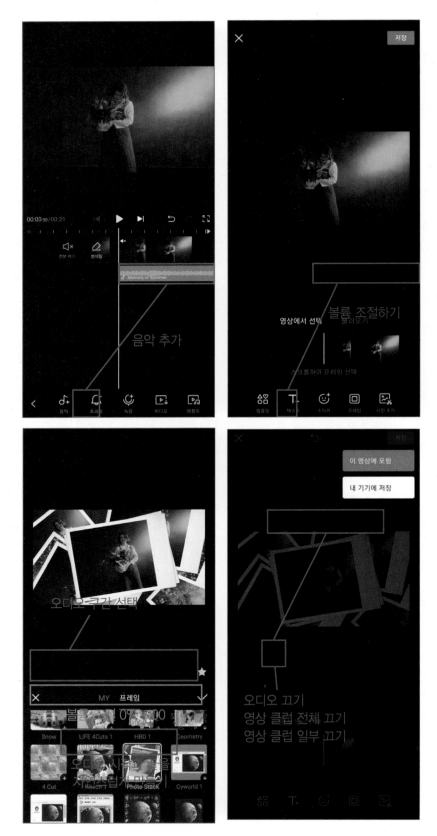

음악 추가

저장

볼륨 조절하기

영상에서 선택

스크롤하여 프레임 선택

템플릿   텍스트   스티커   프레임   사진 추가

오디오 구간 선택

MY   프레임

Snow   LIFE 4Cuts 1   HBD 1   Geometry

4 Cut   Kitsch 1   Photo Stack   Cyworld 1

이 영상에 포함

내 기기에 저장

오디오 끄기
영상 클립 전체 끄기
영상 클립 일부 끄기

실행 취소 및 소스 교체하기

1 만약 컷 편집을 하다가 실수하거나 잘못했을 경우, '되돌리기' 버튼을 누르면 작업 이전으로 돌아갑니다. 컷 편집뿐만 아니라 모든 작업에 동일합니다.

2 선택된 영상 클립 사이에 다른 클립을 삽입하고 싶으면 메뉴에서 '교체'를 눌러 넣으려는 영상을 선택합니다. 교체 클립에서 먼저 선택 된 영상 클립 시간과 동일한 시간만큼 선택을 해줍니다. 그런 다음 영상을 넣어 주면 됩니다.

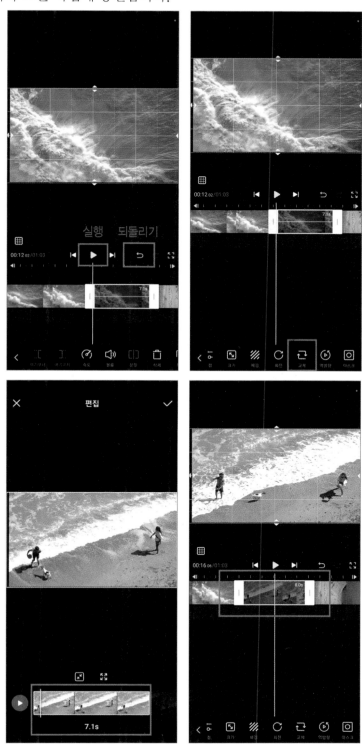

영상 길이와 속도 조절하기

1 영상 길이를 늘이고 줄이는 것은 아주 쉽습니다. 선택된 클립 오른쪽 부분을 손가락으로 터치하고 움직이면 시간이 늘어나거나 줄어드는 것이 보입니다.

2 선택된 클립 윗부분에 시간이 줄어들고 늘어난 것이 보입니다.

3 영상 속도도 빠르게 하거나 느리게 할 수 있습니다

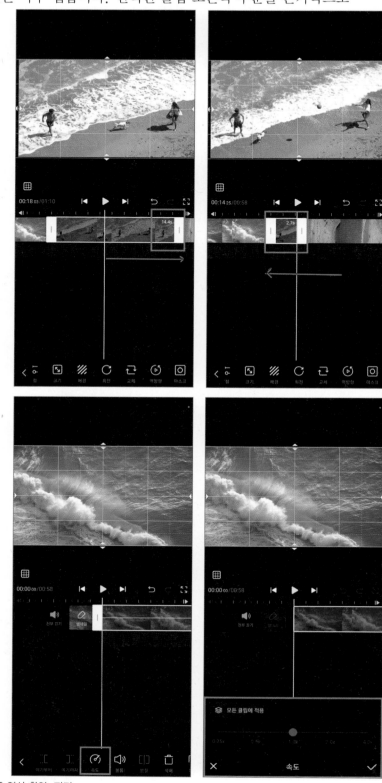

장면 전환 효과 사용하기

(1) 장면 전환 효과의 중요성

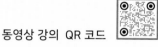
동영상 강의 QR 코드
https://youtu.be/S9WrcZMOi-o

우리가 영상 클립들을 자르고 붙이는 컷 편집을 하는 이유는 내가 만든 영상을 보는 사람들이, 스토리에 집중하고 내 메시지에 자연스럽게 녹아들게 만드는 것입니다. 컷 편집이 잘 된 영상은 보는 사람들이 편집된 것을 느끼지 못하고 자연스러운 흐름으로 받아들입니다. 좋은 편집이란 장면을 바꿀 때 어떤 효과도 없이 부드럽게 연결되는 것입니다.

하지만 컷 편집 작업을 하다보면 앞, 뒤 영상 클립을 컷한 상태로 바로 붙이면 너무 어색한 경우가 생깁니다. 서로 다른 이미지나 장소, 시간의 흐름 등을 표현할 때 연결 부위가 확연하게 보이는 것입니다. 이럴 경우에 서로 다른 이미지를 자연스럽게 연결하는 방법이 바로 '트랜지션 : 화면전환' 효과입니다. 트랜지션을 잘 사용하는 것이 스토리가 끊임없이 연결된 영상을 만드는 비결입니다.

(2) 장면 전환 효과의 종류

❶ 컷 (cut) : 클립 사이에 어떤 효과 없이 연결하는 방법. 가장 자연스러운 장면 전환
❷ 디졸브 (dissolve) : 앞 화면과 뒤 화면이 겹치면서 장면이 전환
❸ 와이프 (wipe) : 앞 화면이 지워지듯 사라지면서 뒤 화면이 나타나는 방식으로 전환
❹ 페이드 (fade) : 화면이 어두운 상태에서 밝아지는 것이 페이드 인, 밝은 상태에서 점점 어두워지는 것을 페이드 아웃이라고 한다.

1 화면전환 효과는 VITA 아래에 있는 메뉴에는 없고, 클립 중간에 표시된 편집점을 클릭하면 '트랜지션'이 나옵니다. HOT, 기본, 역동, 특수효과, 분할 등 다양한 트랜지션이 보입니다.
2 각 효과 밑에 명칭들이 쓰여 있고 미리보기가 있어 어떤 효과인지 바로 알 수 있습니다.
3 선택한 트랜지션을 적용하면 클립에 있는 편집점 모양이 '⋈'로 바뀐 것을 볼 수 있습니다. 트랜지션이 적용됐다는 표시입니다.
4 각각의 편집점마다 각기 다른 트랜지션을 적용할 수 있습니다.

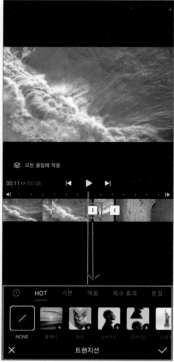
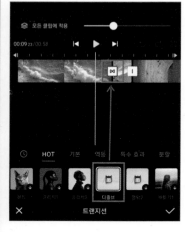

(3) VITA로 장면전환 효과(트랜지션) 연습하기

1 편집할 영상 클립 두 개를 가져옵니다. 아래 편집 메뉴에는 트랜지션이 나오지 않습니다. 영상 클립이 연결되는 부위로 타임 인디케이터를 이동하면 흰색 '트랜지션 포인트(⋈)'가 보입니다.

▶ 소스 영상 파일 : 20, 38

2 NEW, HOT과 기본, 역동, 특수효과 등 50가지 이상의 트랜지션이 제공됩니다.

3 가장 무난한 '기본−디졸브'를 선택합니다. 트랜지션이 적용되는 시간 조절도 가능합니다.

4 컷 편집에서 배웠던 '오디오'도 영상에 맞게 추가합니다.

5 트랜지션과 오디오를 적용 완료 후, 편집 메뉴를 왼쪽 끝으로 밀어 편집 처음화면으로 돌아갑니다. 해상도를 결정하고 내보내기로 저장하거나 SNS에 공유합니다.

▶ 소스 영상 파일 : 2038_1

영상 클립 순서를 마음대로 바꾸기

1 타임라인에 불러 온 영상 클립들의 배치를 쉽게 바꿀 수 있습니다. 바꾸려는 영상 클립을 손가락으로 길게 누르면 이동할 수 있도록 활성화됩니다. 원하는 부분에 누른 상태로 끌어서 이동하면 위치가 바뀝니다.

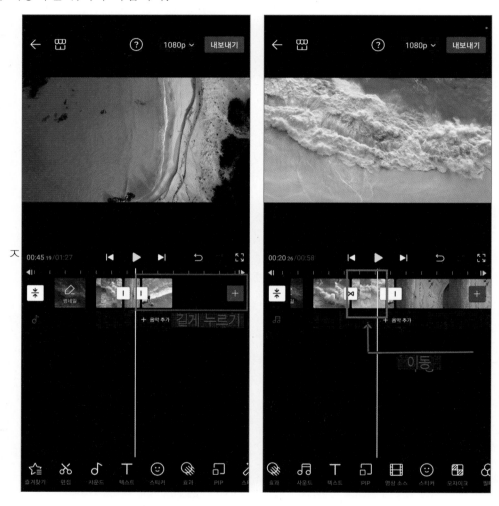

타임라인 화면 확대와 축소하기

1 편집점을 잡거나 장면을 자세하게 보고 싶을 때는 손가락을 화면 빈 곳에 두고 바깥쪽으로 펼쳐주면 됩니다. 클립 이동이나 전체적인 영상 길이 조절 등을 할 때는 두 손가락을 화면 안쪽으로 오므리면 화면이 줄어들면서 전체를 볼 수 있습니다.

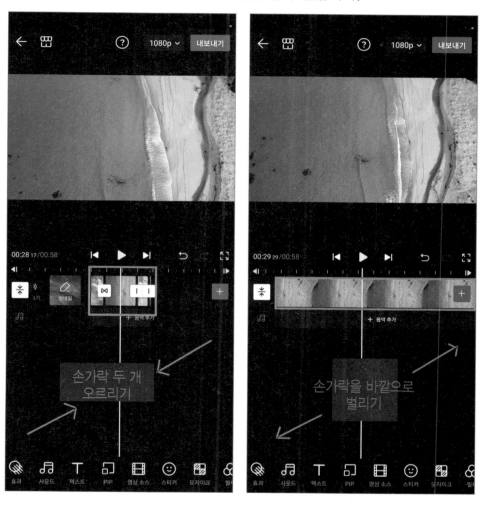

4 _ 외장 마이크 사용할 때 편집점으로 싱크 맞추기

우리가 스마트폰으로 영상 촬영을 할 때 기본적으로 내장된 마이크를 사용합니다. 조용한 실내라면 상관없지만, 외부에서는 바람 소리를 비롯해서 각종 소음이 들어갑니다. 편집을 하려고 타임라인에 불러와 들어보면 음질이 영 아닙니다. 목소리도 깨끗하지 않고, 주변 소음으로 인해 집중도 또한 떨어지게 됩니다. 영상은 전달하는 목소리가 중요한 것은 말할 필요도 없습니다. 약간의 비용 투자를 하더라도 외장 마이크를 사용해야 하는 이유입니다.

외장 마이크를 사용하면 스마트폰에 내장된 마이크로 녹음된 오디오와 외장 마이크로 녹음한 오디오가 존재합니다. 즉 오디오 소스가 영상에 있는 것과 외장 마이크에서 불러온 것, 두 개가 존재하는 것입니다. 이 두 가지 오디오 소스를 소리를 일치하게 만드는 것이 '싱크 맞추기'입니다.

우리가 드라마나 영화를 보면 보조 연출자가 화면 앞에 나와서 '슬레이트'라는 것을 치면서 장면 번호를 말하는 것을 보신 적이 있으실 겁니다. 이 슬레이트를 치는 작업이 편집 단계에서 영상 오디오와 외부 오디오 싱크를 맞추는 것입니다. 슬레이트를 '딱!' 하고 치면 그 순간 오디오 레벨이 크게 튀면서 '편집점'이 만들어 집니다. 그러면 편집할 때 오디오를 맞추기 쉬워지는 거죠.

◆ 슬레이트(클래퍼 보드

스마트폰으로 영상 촬영을 할 때 '편집점'을 만들려면, 슬레이트와 같은 효과를 낼 수 있도록 박수를 크게 한 번 쳐주시면 됩니다. 박수치는 영상과 오디오 레벨이 튀는 부분을 찾아 쉽게 싱크를 맞출 수 있습니다. 영상이나 오디오 소스를 일일이 찾지 않아도 박수치는 부분을 찾기만 하면 됩니다. 만약 이렇게 편집점을 만들어 놓지 않으면 영상 전체를 뒤져가며 고생할 수 있습니다.

◆ 손바닥을 쳐서 편집점 맞추기

영상 클립과 외장 마이크 소스 간단하게 싱크 맞추기

1 VITA를 실행하고 영상 소스와 외장 오디오 소스를 불러옵니다.

2 영상 클립과 오디오 소스가 동일한 타임 인디케이터에 위치하지 않았으므로 영상 클립 아래 부분에 있는 오디오 소스를 클릭합니다.

3 손으로 길게 누른 다음 오디오 소스를 영상 클립과 동일하게 위치시킬 수 있습니다.

4 또는 오디오 소스 앞이나 뒷부분의 점을 누르면, 오디오를 영상 클립이나 비디오 전체의 앞, 뒤에 자동으로 맞춰주는 항목들이 나옵니다. 클립 당 작업 중이므로 '클립 처음'을 누르면 오디오 소스가 자동으로 앞으로 맞춰집니다.

5 영상을 재생시켜 오디오가 영상 장면이나 입 모양하고 맞는지 확인합니다.

6 영상 클립에 있는 오디오는 소리를 '전부 끄기'로 반드시 끕니다.

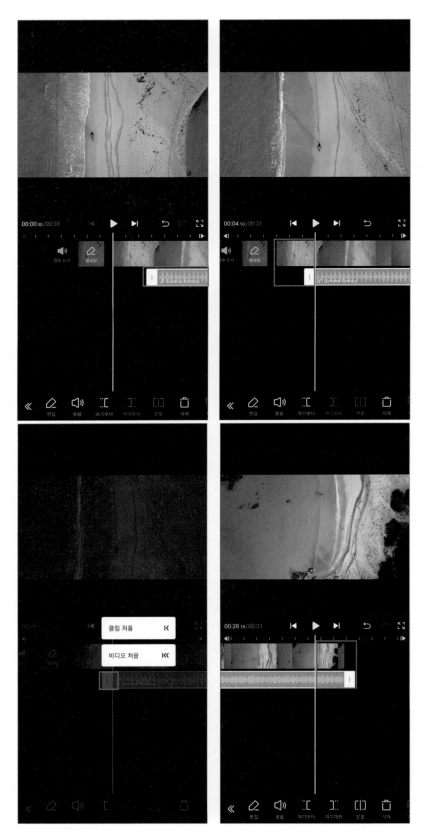

타임라인 확대로 편집점 싱크 맞추기

1 VITA를 실행하고 영상 소스와 외장 오디오 소스를 불러옵니다.

2 타임라인 상에 오디오가 있는 영상 클립과 외장 오디오 소스가 차례대로 보입니다.

3 타임라인을 확대해서 박수치는 장면을 확인합니다.

4 내장 오디오 소스의 박수치는 장면(편집점)을 확인하고, 외장 오디오 소스에서 박수 소리가 크게 나는 오디오 레벨을 찾습니다.

5 외장 오디오 소스를 손가락으로 눌러서 내장 오디오 소스와 박수 소리를 일치 시킵니다.

6 영상을 클릭해서 내장된 오디오 소스 소리를 '전부 끄기' 해줍니다.

7 플레이 버튼으로 오디오 싱크를 확인한 다음 내보내기로 저장합니다.

영상을 검색해서 편집점
(박수치는 방면) 찾기/
외장 오디오와 싱크 맞추기

내장된 오디오 소스

외장 오디오 소스

내장 오디오 소스 끄기

외장 오디오 소스만 남음

모든 비디오의 볼륨이 꺼졌습니다.

플레이 버튼으로
오디오 싱크 확인하고
내보내기로 저정

5 _ 편집의 꽃, 자막 만들기

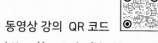

동영상 강의 QR 코드
https://youtu.be/McyVe-mzqKI

영상은 이제 우리 삶에 많은 변화를 주고 일상을 바꿔 나가는 역할을 하고 있습니다. 외국 드라마나 영화를 볼 때나 청각 장애인이나 청력이 약한 사람들을 위했던 자막의 중요성도 높아졌습니다. 오락 프로그램에서 시작된 영상에 자막을 넣는 작업은, 오락적 요소와 미학적 요소, 부언 설명과 재현적 요소, 설명 등의 역할을 하고 있습니다. 자막은 이제 단순히 영상을 보조하는 단계를 넘어 중요성이 높아졌습니다.

- 자막은 영상 내용을 자세하게 전달 가능합니다.
- 정확하고 전달하려는 느낌을 잘 살리면 제작자의 의도를 정확히 전달할 수 있습니다.
- 오디오가 없어도 영상 내용을 확실하게 전달 가능합니다.
- 상황과 동작에 맞는 자막은 설명. 감정전달을 위해 시각효과를 극대화 합니다.
- 재미와 오락적 요소. 시각적 요소로 지루함을 줄이고 집중도를 높입니다.

쉽게 자막 넣기와 수정하기

자막의 중요성에 대해서 알아 봤으니까 이제부터 본격적으로 자막을 만들어 보겠습니다. VITA 어플은 기본적으로 1,000개가 넘는 자막을 제공하고 있습니다. 이미 만들어진 자막을 사용할 수도 있고, 직접 자막을 디자인할 수 있습니다.

1 오디오 소스가 포함되어 있는 영상을 선택하고 타임라인으로 불러옵니다.

2 자막을 넣으려는 장면에 타임인디케이터를 위치합니다. 메뉴에서 '텍스트'를 선택합니다.

3 텍스트/자동자막/AI보이스/스티커/GIPHY 항목이 보입니다. 텍스트를 선택합니다.

4 '입력'을 누르면 직접 자막을 입력할 수 있습니다. 자막 크기는 초록색 부위를 움직여 확대/축소할 수 있습니다.

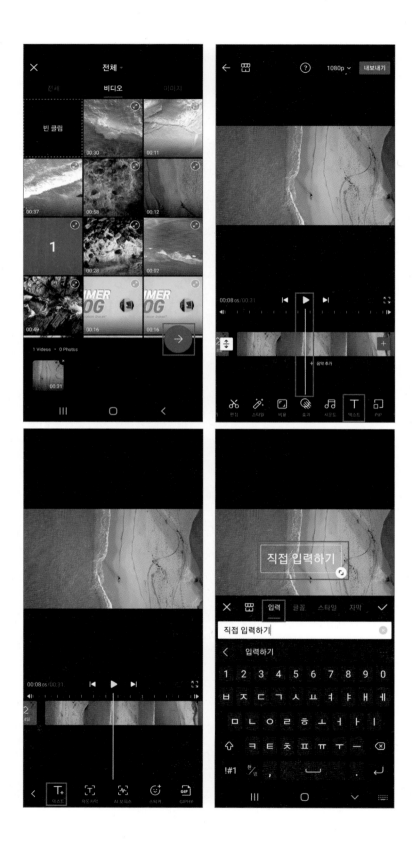

⑤ '글꼴'을 선택하면 무료로 사용가능한 다양한 폰트가 나옵니다.

⑥ '스타일'을 눌러 자막 디자인을 할 수 있습니다. 어렵지 않게 쉽게 적용 가능합니다.

⑦ '스타일' 아래쪽에 있는 조절바를 이용해서 자막을 더 다양하게 만들 수 있습니다. 불투명도
는 자막 배경인 바의 투명도를 조절
합니다. 윤곽선은 초록색으로 표시
된 자막바 테두리의 하얀색입니다.
라운딩은 자막바를 둥글게 만들거
나 직각으로 만드는 효과입니다. 여
백은 자막바의 크기 조절입니다.

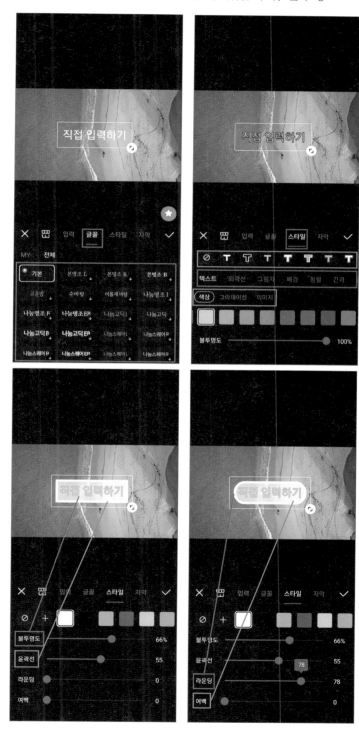

⑧ 맨 우측 '자막'을 누르시면 VITA에서 제공되는 최신 트렌드 자막이 나옵니다. 원하는 자막 스타일을 선택하고 적용합니다. 내용은 '입력'창을 눌러 변경할 수 있습니다.

⑨ 타임라인에 있는 자막 소스를 눌러 보면 자막 테두리에 여러 아이콘들이 보입니다. 자막을 삭제하는 '빨간색 ⓧ'를 기준으로 우측이 '애니메이션 적용하기' 아래는 '크기 조절', 좌측은 '자막 복사하기'입니다. '애니메이션'을 눌러봅니다.

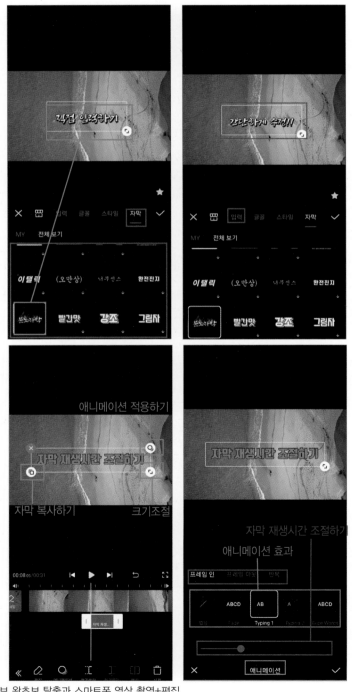

10 자막 재생시간은 영상 길이와 동일한 방법으로 조절할 수 있습니다. 자막 소스 끝을 눌러 재생시간을 줄이거나 늘릴 수 있습니다. 양끝을 터치해서 조절할 수도 있습니다.

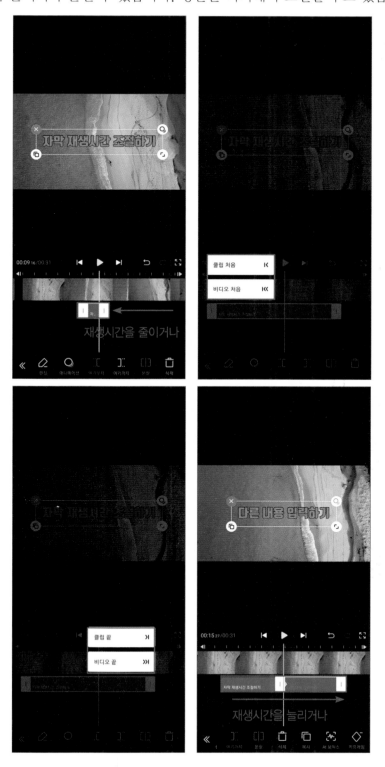

11 아래 메뉴를 맨 우측으로 이동하면 '키프레임'이 나옵니다. 원래 키프레임의 의미는 영상에서 전체 정보를 담고 있는 중심 프레임을 말합니다. 쉬운 예로 주머니에서 스마트폰을 꺼내 문자를 확인한다고 했을 때, 주머니에서 스마트폰을 꺼내는 장면과 문자를 확인하는 마지막 장면이 키프레임입니다. 처음과 마지막 중간 동작들은 단순하게 '프레임'이라고 합니다.

VITA어플 영상 편집에서 키프레임은 회전, 크기 조절, 위치 등을 변경할 수 있는 기능입니다. 키프레임도 일종의 애니메이션 효과이므로 키프레임과 애니메이션 효과는 동시에 적용할 수 없습니다.

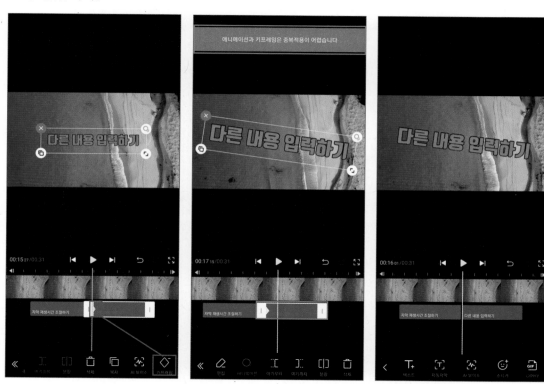

YouTube에 적합한 상황별 자막

(1) 상황자막

영상에서 각 장면의 의미를 전달하는 데 중점을 둔 자막입니다. 시청자들이 상황을 쉽게 이해할 수 있도록 정보전달이 주요 목적입니다.

(2) 대사자막

영상에서 나오는 말을 그대로 전달하는 자막입니다. 말을 전달하다보니 자칫 지루해질 수 있습니다. 디자인 요소를 추가하거나 다양한 폰트를 사용하고, 자막바를 이용해서 지루함을 탈피합니다. 대사자막은 대사의 연속성을 위해 일반적으로 마침표는 찍지 않습니다.

자막을 넣으려는 부분에 타임인디케이터를 위치하고 '텍스트-텍스트'를 눌러 직접 입력합니다. 앞에서 배웠던 자막 디자인 방법대로 다양하게 자막을 만들 수 있습니다.

❶ VITA에서 자막바 만들기

자막을 넣을 때, 대사만 넣으면 영상으로 인해 잘 보이지 않습니다. 이럴 경우 자막을 바
(Bar) 형태로 만들면 시각적으로 효과가 높아집니다. VITA에서는 직접 자막바를 만들 수
있고, 이미 만들어진 자막들을 이용해서 나만의 스타일로 재편집할 수 있습니다. 앞에서 설
명 드렸던 '쉽게 자막 넣기와 수정하기'에서 설명했던 방법과, 바로 '텍스트-스타일'로 만드
는 방법이 있습니다.

1 자막을 넣으려는 영상 클립을 불러옵니다.

2 '입력'에서 대사를 입력하고 '스타일'을 누릅니다. '자막'을 눌러 고를 수도 있습니다.

3 스타일 메뉴 바로 아래 항목을 우측으로 밀면 박스가 쳐있는 텍스트가 나옵니다.

4 하나씩 적용해 보시면 색상을 바꿀 수 있고, 외곽선, 그림자, 배경, 정렬 등과 글자색,
불투명도를 변경할 수 있습니다.

 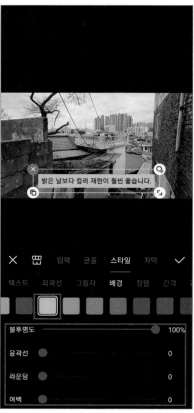

(3) 보조자막

보는 사람들의 이해나 상황에 몰입시키기 위해 사용하는 자막입니다. 행동 설명이나 의성어, 의태어 등을 포인트 자막 형식으로 강조하는 자막입니다. 순간적인 강조나 감정 등을 극대화할 때 사용합니다. 시청자들이 지루함을 잊고 영상에 더욱 몰입할 수 있습니다.

(4) 예능 프로그램 같은 자막 만들기

1️⃣ 편집할 영상을 불러와서 메뉴 중 '텍스트'를 눌러 자막 작업을 합니다.

2️⃣ 자막을 입력하고, 글꼴이나 스타일, 자막 형태를 바꿀 수 있습니다(임의로 다양한 자막을 만들어 봤습니다). 자막에 '애니메이션' 효과도 넣을 수 있습니다.

3️⃣ 자막만 들어가서 밋밋한 영상을 살리기 위해 '메뉴−효과'를 선택합니다.

4️⃣ 자막을 손가락으로 길게 눌러 이동할 수 있는데, 앞 자막과 겹치게 하면 자막이 밑으로 내려오면서 동시에 같은 프레임에 자막을 보일 수 있습니다.

5️⃣ 또한 자막을 길게 눌러 앞(뒤)자막 쪽으로 이동하면 자막을 붙일 수 있습니다.

6️⃣ 작업이 완료되면 편집 화면 처음으로 돌아와서 '해상도 결정−내보내기'를 합니다.

영상에 쓰이는 자막용 폰트는 상업용과 개인용이 있습니다. VITA 어플에 들어있는 폰트는 무료로 제공되므로 사용하시는 데 지장이 없습니다. 더 다양한 스타일의 폰트를 원하시거나 독특한 폰트를 찾으신다면 아래 사이트에서 쉽게 구할 수 있습니다.

❶ 눈누 (https://noonnu.cc) : 상업적으로 이용이 가능한 무료 한글 폰트 사이트입니다.

❷ 산돌구름 (https://www.sandollcloud.com/openfonts) : 산돌체로 유명한 기업에서 제공하는 무료폰트 사이트입니다. 2,000여 종의 무료폰트를 제공하고 있습니다. 한글. 영문 무료 폰트를 모두 제공하고 있습니다.

❸ 어비 폰트 (http://uhbeefont.com) : 어비라는 닉네임을 사용하는 개인이 만든 무료 폰트 사이트입니다. 개성 있는 손글씨체 100여 종을 제공하고 있습니다.

❹ 안심글꼴 파일 서비스 (https://gongu.copyright.or.kr/freeFontEvent.html) : 정부에서 운영하는 안심글꼴 파일 서비스로 140여 종위 무료 폰트를 제공합니다.

❺ 공유마당 : 한국 저작권위원회에서 운영하는 무료폰트 사이트입니다.
(https://gongu.copyright.or.kr/gongu/bbs/B0000018/list.do?menuNo=200195)

❻ 1001 Free Font (https://www.1001freefonts.com) : 영문 무료 폰트 사이트입니다.

❼ Fonts2U (https://fonts2u.com) : 영문 무료 폰트 사이트입니다.

03

비타 어플 내 자동 자막 생성 기능과 AI 보이스

VITA 어플의 자막 기능 중 특이한 것이 '자동 자막 생성 기능과 AI 보이스'입니다. '자동자막' 생성 기능은 오디오가 들어있는 영상 클립에서 자동으로 오디오를 추출해 자막을 만들어 주는 기능입니다. 간혹 잘 못 인식하는 대사들도 있지만 기존 자막을 편집하듯 편집할 수 있습니다. 'AI 보이스' 기능은 VITA 어플 제작사 Snow의 모회사인 네이버에서 만든 '클로바 AI' 기술을 사용해서 자동으로 자막을 생성합니다.

1 오디오가 들어있는 영상 클립을 선택해서 불러옵니다.

2 메뉴 화면에서 '텍스트–자동자막'을 선택합니다.

3 자동자막 생성 안내 화면과 처리 상태가 나타납니다.

4 생성된 자막은 기존 자막 편집 방식으로 다양하게 디자인 할 수 있습니다.

5️⃣ 메뉴 화면에서 '텍스트–AI 보이스'를 선택, 자막을 입력하고 자막을 읽어 줄 AI 성우를 선택할 수 있습니다. AI 보이스 성우는 19명을 선택할 수 있습니다.

6️⃣ 선택 한 성우가 자동으로 자막을 읽어 줍니다. 자막은 편집할 수 있습니다.

7️⃣ 물론 이미 오디오 소스가 있는 영상 클립도, AI 보이스 성우가 읽어주는 자막 있는 영상으로 바꿀 수 있습니다.

8️⃣ 오디오 소스가 있는 영상 클립을 선택한 후 편집 작업을 시작합니다. ▶ 소스 영상 파일 : 2

9️⃣ '자동 자막'을 선택, 자동으로 자막을 생성해 줍니다.

🔟 영상에서 새롭게 생성된 자막(초록색 부분)을 각각 눌러서 'AI 보이스'를 선택합니다.

⓫ AI 보이스는 19개의 캐릭터가 있습니다. 언어와 원하는 성우를 선택 후 말하는 속도도 조절이 가능합니다.

⓬ 각각의 자막을 AI 보이스 성우로 바꿨으면, 영상에 내장된 원래 오디오와 겹치지 않게 하기 위해서 오디오 소리를 '전부 끄기'로 합니다.

⓭ 플레이 버튼을 눌러 AI 보이스 성우 오디오만 남았는지 확인 후, 편집 첫 화면으로 돌아와서 해상도를 결정하고 내보내기로 저장합니다.

⓮ 자막은 글꼴, 스타일, 색상 및 배경 등 다양하게 편집할 수 있습니다.

영상 작업을 할 때 자막의 중요성은 이미 말씀드렸습니다. VITA 어플은 자동 자막 생성기능을 제공하고 있어서 편리합니다. 자동자막 생성 기능보다 편리하게 문서 편집하듯 자막을 편집하려면 'Vrew'라는 프로그램을 이용하면 됩니다. Vrew는 YouTuber 자막 편집에 최적화 된 툴이라 할 수 있습니다. 사용방법도 간단합니다.

1 PC에서 프로그램을 실행하고 자동으로 자막을 생성하려는 영상을 불러오거나 화면으로 끌어당깁니다. '새로운 프로젝트 시작–음성인식 언어선택'을 하면 자동으로 오디오를 추출합니다.

2 추출이 완료되면 오디오가 없는 부분은 '?'로 표시되고 삭제 가능합니다.

3 자막에 마우스를 갖다 대면 오디오가 있는 영상이 보이고 잘 못된 부분은 수정합니다.

4 자막 작업이 완료되면 윗부분 메뉴에서 '파일–영상으로 내보내기'를 선택합니다.

5 해상도와 화질을 선택하고 내보내기를 하면 자막이 생성된 영상이 완성됩니다.

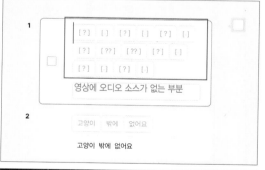

3교시에서는 VITA를 활용한 영상 편집 고급 단계를 배우고, YouTube Shorts와 YouTuber를 위한 저작권에 대해 자세하게 알아봅니다.

YouTube 영상을
더욱 세련되게 만드는 편집

01

영상을 재미있게 편집하는 방법

1 _ 특정 구간 속도를 조절해서 영상에 재미 더하기

VITA 어플 편집에서 영상 재생 속도를 조절할 수 있습니다. 특정 구간 재생 속도를 조절함으로써 영상에 재미를 더합니다. 빠르게, 느리게, 뒤로, 정지 영상 등 다양하게 조절할 수 있습니다.

빠르게 하기와 느리게 하기

1 '새프로젝트'를 눌러 영상 클립을 불러옵니다. 움직임이 많은 역동적인 영상일수록 속도 조절 느낌이 좋습니다.

2 '편집-분할'을 눌러 속도 조절을 원하는 부분을 선택합니다.

3 구간 선택이 끝나면 '속도'를 눌러 속도 조절을 합니다.

4 4 배속까지 빠르게 할 수 있고 0.25 배속까지 느리게 할 수도 있습니다.

5 속도 조절이 완료되면 처음화면으로 돌아와 해상도를 결정하고 내보내기를 합니다.

6 저장된 영상은 바로 SNS에 공유할 수 있습니다.

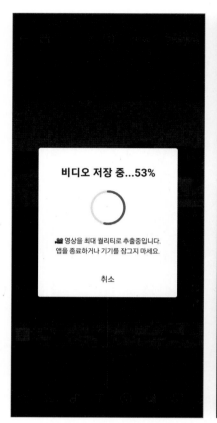
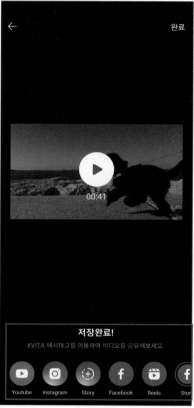

뒤로 가기 (역방향 재생)

시간을 되돌리는 듯한 영상, 낮은 곳에서 높은 곳으로 마술처럼 올라가는 영상 등을 보셨
죠? 역방향 재생은 영상 재생을 거꾸로 해서 시간을 되감아 주는 효과를 주는 것입니다.

1 VITA 편집 메뉴를 맨 우측으로 이동합니다.

2 앞의 '빠르게 하기와 느리게 하기'에서처럼 구간을 선택해서 할 수 있고, 전체 영상 클립
을 역방향으로 만들 수 있습니다.

3 '역방향'을 실행합니다. 선택된 구간이나 전체 영상 클립이 전환됩니다.

4 처음 편집화면으로 돌아와, 해상도를 결정한 후 저장합니다.

정지 영상 (프리즈 영상)

미국 드라마나 영화에서 경찰들이 범죄자를 잡을 때 외치는 소리 'Freeze'를 들어 보셨죠? 영상에서 '프리즈'는 일시정지 화면을 만드는 방법입니다. 중요한 순간이나 강조하고 싶은 장면을 보여줄 때 유용한 기능입니다. 이렇게 동작을 '정지'한 영상 프레임은 복사를 할 수도 있습니다. 복사된 프레임은 반복적으로 표시해서 강조할 때 사용가능합니다.

1 일시정지 화면을 만들려고 하는 부분에 타임인디케이터를 놓습니다.

2 '편집'을 눌러 메뉴 오른쪽에 있는 '프리즈'를 누릅니다.

3 원하는 장면이 일시정지 화면으로 바뀝니다. 편집화면 처음으로 돌아와 저장을 합니다.

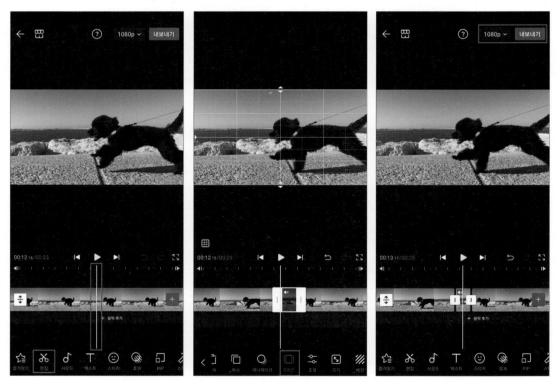

2 _ 영상 일정 구간 크기 확대로 강조나 중점요소 부각하기

1 영상 클립을 불러옵니다.

2 확대하려는 부분을 선택하고 '편집-크기'를 선택합니다.

3 크기 슬라이드를 움직여서 원하는 크기까지 확대 또는
축소합니다.

동영상 강의 QR 코드
https://youtu.be/YCiGGNljTVo

4 모든 클립에 적용할 수 있고, 선택된 클립에만 적용 가능합니다.

5 미리보기 창에 있는 영상을 눌러 화면 이동을 할 수 있습니다. 적용을 누릅니다.

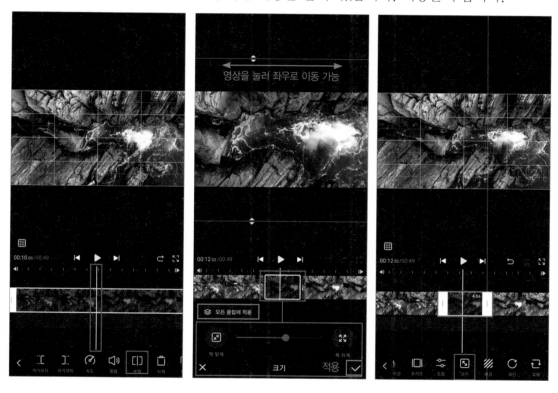

점점 커지거나 작아지는 영상 만들기

1 영상에서 확대, 축소하려는 프레임에 타임 인디케이터를 위치합니다.

2 '편집-분할'로 확대, 축소를 원하는 특정 구간을 선택합니다.

3 분할된 부위를 자연스럽게 연결하기 위해서 '애니메이션' 효과를 사용합니다.

4 애니메이션을 누르면 확대, 축소를 할 구간의 시작부분과 끝부분에 적용되는 애니메이
션 효과와 효과 지속시간이 '붉은색과 초록색'으로 나타납니다.

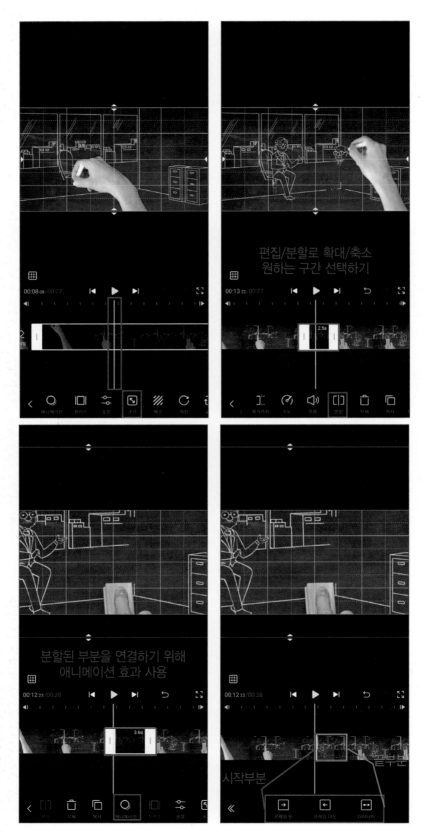

5 시작과 끝부분의 애니메이션 효과와 지속시간은 조절 가능합니다.

6 분할된 부위를 자연스럽게 연결하는 방법은 애니메이션 효과 외에도, 장면전환 효과인 '트랜지션'이 있습니다.

7 분할된 부위 각 부분에 트랜지션 효과 '기본-디졸브'를 넣어줍니다.

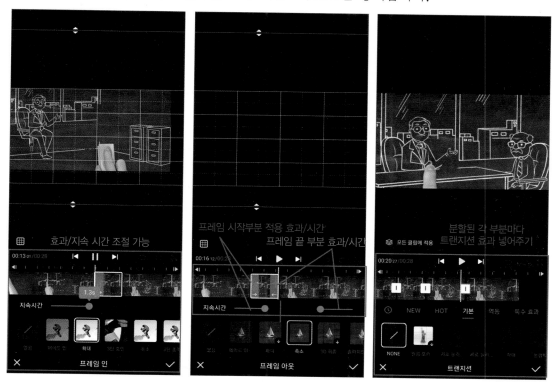

8 트랜지션 효과 적용이 완료됐으면 음악 추가로 영상 느낌을 살려줍니다.

9 칠판에 쓰는 소리이므로 유사한 연필 소리를 찾아, 시작부분(페이드 인)과 끝부분(페이드 아웃)이 자연스럽게 시작되도록 설정 후 음악 추가를 합니다.

10 화면 확대 및 축소, 애니메이션/트랜지션, 음악 추가가 완료됐으면 편집 초기 화면으로 돌아와서 '해상도 결정-내보내기'를 합니다.

3 _ 영상 위에 외부 소스(이미지, 영상) 삽입하기 – PIP기능

영상 클립 위에 또 다른 영상이나 이미지를 올리는 PIP(Picture In Picture) 기능을 지원합니다. 메뉴에서 선택만으로 높은 퀄리티의 영상을 만들 수 있습니다.

1 편집 메뉴에서 'PIP'선택합니다. 넣으려는 영상 소스를 불러옵니다.

2 삽입된 영상클립은 영상 편집할 때와 동일하게 조절 가능합니다.

3 원하는 곳에 타임인디케이터를 위치하고 영상을 놓은 다음 양 끝을 눌러서 길이를 조절할 수 있습니다.

4 원하는 곳에 영상을 위치시키고 재생 길이를 조절합니다.

5 외부 소스는 추가가 가능합니다. 이번에는 이미지를 추가해 봅니다.

6 길이는 영상 클립 길이 조절과 동일하게 합니다.

7 편집 처음 화면에서 적용된 외부 소스를 확인할 수 있습니다.

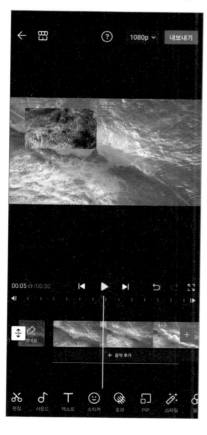
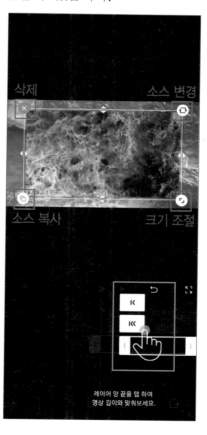

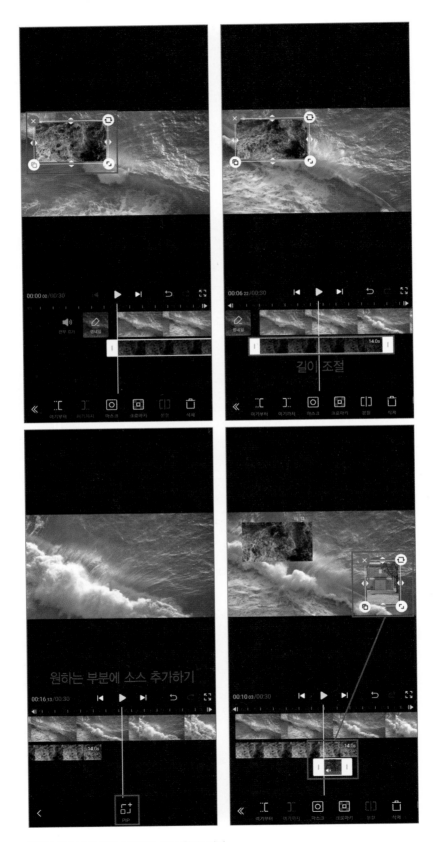

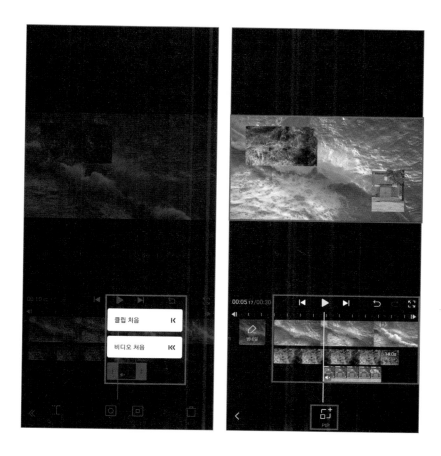

PIP 외에 영상 사이에 영상, 이미지 넣기

PIP 기능과 유사하다고 할 수 있지만 영상 사이에 영상이나 이미지 넣는 방법입니다. 간단한 방법인데도 많은 분들이 어떻게 추가할 수 있는지 궁금해 합니다.

1 편집할 영상을 선택하고 불러옵니다. ▶ 소스 영상 파일 : 12, 36

2 영상 클립이 연결되는 부위(트랜지션 적용점)에 타임인디케이터를 놓고 우측 파란색 '플러스 버튼(⊞)'을 누릅니다.

3 영상과 이미지 중 선택 가능합니다. 여기서는 영상을 사이에 넣어 보겠습니다.

4 영상과 영상 사이에 새로운 영상이 들어 간 것이 보입니다.

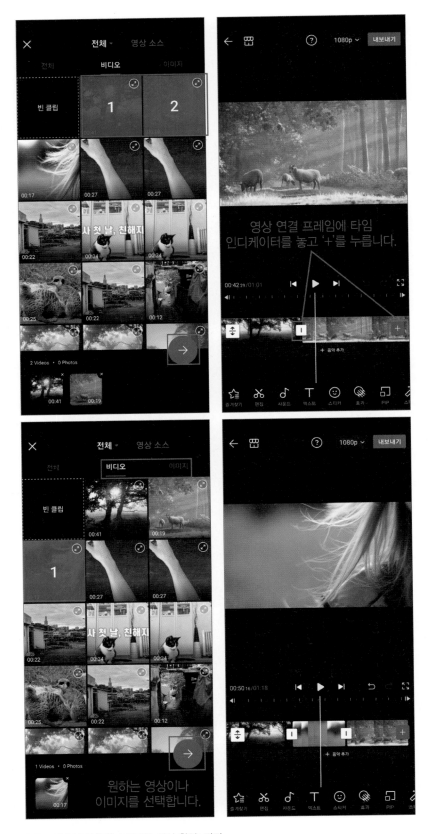

5 영상과 영상 연결 부위가 자연스럽게 넘어가지 않으니까 앞에서 배웠던 '트랜지션(장면 전환 효과)'을 적용합니다. '기본-디졸브'로 무난하게 연결시킵니다.

6 타임라인 영상 클립 바로 아래에 있는 '음악추가'로 숲속 느낌의 음악도 추가합니다.

7 음악이나 영상 길이를 맞춰 주고 플레이 버튼으로 원하는 영상이 만들어 졌는지 확인합니다.

8 편집화면 처음으로 돌아 와서, '해상도 결정-내보내기'를 하면 됩니다.

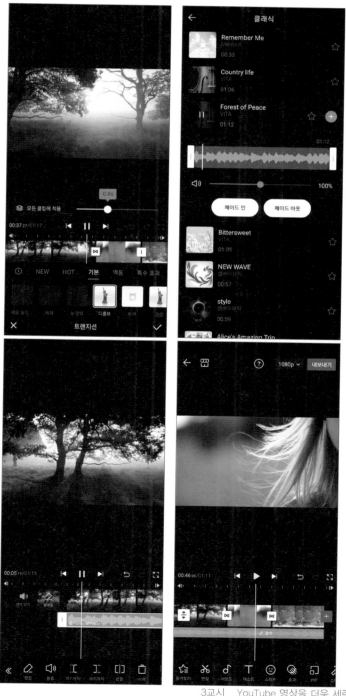

4 _ 적재적소에 알맞은 BGM(배경음악) 활용하기

영상 편집에서 가장 중요한 부분을 굳이 말하자면, 컷 편집과 장면 전환(트랜지션), 자막, 배경음악입니다. 이 중에서 배경음악(BGM : BackGroundMusic)은 영상에서 대사의

동영상 강의 QR 코드
https://youtu.be/I7XTMajOoBs

감성과 분위기를 전달하는 데 중요한 역할을 합니다. 적절하게 사용된 배경음악이 흥미와 메시지를 전달하고 영상에 몰입시키는 효과를 줍니다.

영상 편집은 '비디오 소스'와 '오디오 소스'로 나눕니다. 그러므로 오디오 부분에 대한 편집도 영상 편집의 중요한 요소입니다. 우리가 유튜브나 영화를 볼 때 오디오를 무음으로 하고 시청한다면 얼마나 지루할지 명확합니다. 영상 촬영할 때 깊게 생각하고 촬영하듯이, 배경음악 부분도 철저하게 계획해서 편집해야 합니다. 오디오에는 효과음도 있지 않느냐고 반문하실 수 있는데 배경음악만으로도 충분합니다.

배경음악의 중요성
1 배경음악이 없이 대사나 정보전달만 할 경우 지루함을 느낄 수 있습니다.
2 전달하는 주제에 맞는 배경음악 선택이 중요합니다.
3 VITA 어플에는 무료 배경음악을 제공됩니다. 하지만 좀 더 다양한 느낌을 위해서 배경음악에는 약간의 비용을 투자하는 것도 좋습니다.

배경음악의 적절한 사용
1 중요한 대사나 정보 전달에는 배경음악 음량을 줄여서 대사에 집중합니다.
2 분위기나 장면을 바꾸고 싶을 때 배경음악을 적절하게 사용합니다. 또한 특별하게 강조하고 싶은 순간에는 배경음악을 넣지 않습니다.
3 상황에 따라 다양한 배경음악을 사용할 수 있습니다.

VITA에서 배경음악과 효과음 삽입하기 : 저작권 문제없는 200여곡 제공

1 영상 클립을 불러와서 타임라인에 있는 '음악 추가'를 누르거나 '사운드'를 누릅니다.

2 무료로 사용할 수 있는 음악과 효과음, 내 기기에 저장된 음악, 비디오에서 추출한 음악, VITA 어플에서 무료로 제공하는 템플릿에 있는 음악 등을 선택하는 '음악 추가'가 나옵니다. 이번 주 TOP20과 YouTube 인기 음악도 모아서 제공합니다.

3 효과음은 상황별로 정리된 메뉴와 인기 있는 효과음 'Popular'를 제공합니다.

4 음악을 고르면 자동으로 오디오가 영상과 맞게 조절되고, 원하는 부분이 있으면 직접 조절할 수 있습니다.

5 오디오 소스 양쪽 끝을 터치해서 길이를 조절하고 음량을 조절합니다. 음악이 시작되는 부분 오디오가 자연스럽게 커지게 하는 '페이드 인'과 마지막에 자연스럽게 사라지는 '페이드 아웃'을 선택합니다.

6 '확인'을 누르면 배경음악(효과음 등)이 적용된 것이 보입니다.

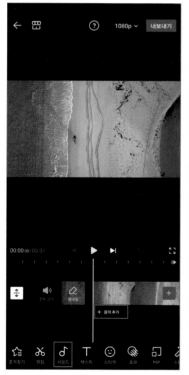

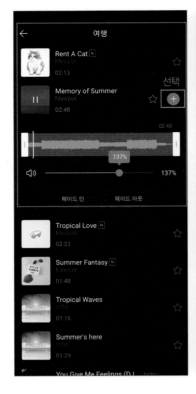
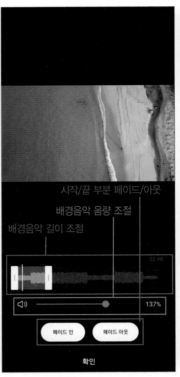
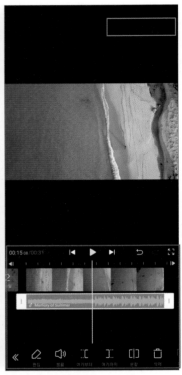

영상에 배경음악 넣고 교체하는 방법

1 영상에 배경음악 넣는 방법을 다시 한 번 연습하겠습니다.

2 원하는 영상을 선택한 후 불러옵니다. ▶ 소스 영상 파일 : 59

3 타임라인 영상 클립 바로 아래에 있는 '음악 추가'를 누릅니다.

4 다양한 분류 중에서 미리듣기로 영상에 맞는 분위기의 음악을 찾습니다.

5 음악의 구간과 음량, 시작점과 끝 지점을 자연스럽게 만들어주는 페이드인과 페이드아웃까지 적용을 했으면, 붉은색 플러스 버튼 '⊕'을 눌러 음악을 추가합니다.

6 플레이버튼으로 영상과 음악이 잘 어우러지는지 확인합니다.

7 영상 클립에 원래 오디오 소스가 있으면 '전부 끄기'로 소리를 없애줍니다.

8 오디오를 다시 설정하고 싶으면 아래쪽 메뉴 라인의 '편집'을 눌러서 나오는 화면으로, 오디오 구간과 음량, 페이드인/아웃을 다시 설정할 수 있습니다.

9 편집이 완료됐으면 편집 화면 처음으로 돌아와서 해상도를 결정하고 내보내기 합니다.

영상에서 노래나 음성만 추출하기와 사용하는 방법

1 VITA를 열어 오디오가 있는 영상을 불러옵니다. ▶ 소스 영상 파일 : 61_4

2 편집 메뉴에서 '사운드'를 누릅니다.

3 음악, 효과음, 녹음 다음에 있는 '음원 추출'을 누릅니다.

4 내 스마트폰에 있는 mp3 파일이나 영상에서 음원을 추출할 수 있습니다.

5 음원 추출을 원하는 영상을 선택하면 자동으로 음원을 추출하고 리스트가 생깁니다.

6 추출된 리스트에 있는 영상을 클릭하면 오디오 소스를 조절할 수 있는 창이 나옵니다.

7 오디오 소스는 영상 길이에 맞게 VITA 어플이 자동으로 맞춰줍니다. 자동으로 적용된 오디오 소스 구간이 마음에 들지 않으면 앞에서 배웠던 방법으로 조절할 수 있습니다.

8 영상에 맞춰 오디오 소스 길이는 앞 뒤 부분을 눌러 수동으로 조절할 수 있습니다.

9 편집 화면 처음으로 넘어와서 해상도 결정 후 내보냅니다.

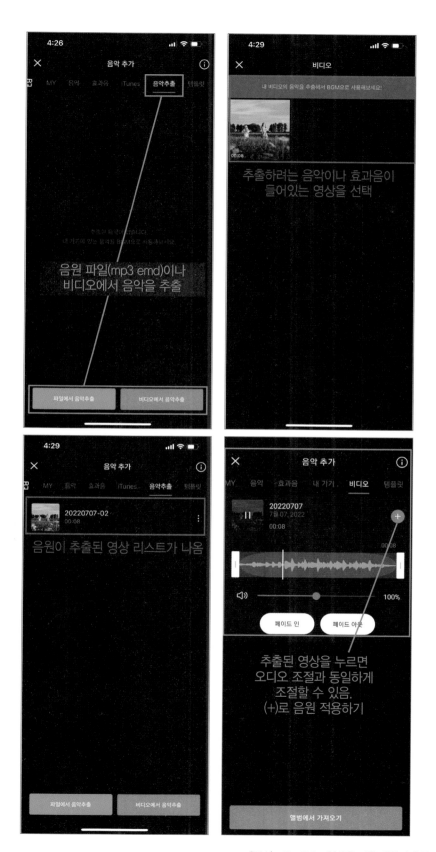

무료 배경음악 추천 사이트

(1) YouTube 오디오 라이브러리 (youtube.com/audiolibrary)

1) YouTube 스튜디오 오디오 라이브러리에 있는 음악 및 효과음 사용하기

YouTube 스튜디오 라이브러리에서는 동영상에 사용할 로열티 없는 음악과 효과음을 찾을 수 있습니다.

1 YouTube 오디오 라이브러리 (youtube.com/audiolibrary) 바로가기

2) 오디오 라이브러리 검색하기

1 무료 음악(음향 효과) 탭에서 필터 및 검색창으로 음악 검색합니다.

2 검색창에 직접 키워드를 입력해서 특정한 트랙을 찾을 수 있습니다.

3 트랙 제목 옆에 있는 별표(☆)를 클릭하면 저장해서 사용할 수 있습니다.

4 오른쪽 플레이 버튼에 마우스를 갖다 대면 '라이선스' 항목이 나옵니다.

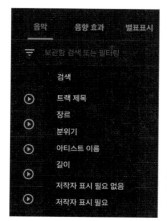
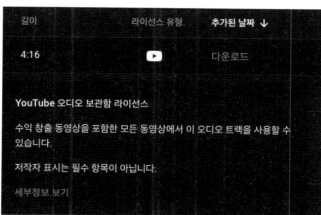

(2) Sell Buy Music (https://www.sellbuymusic.com/search/freebgm)

셀바이 뮤직은 상업적으로 사용이 가능한 음악을 하루에 한 곡씩 무료로 제공합니다. 무료로 제공되는 음악은 YouTube 등 온라인 동영상 플랫폼, 1인 방송에서 사용 및 광고 수익 창출이 가능합니다.

(3) Bensound (https://www.bensound.com/)

벤 사운드는 저작권 없는 외국 음원 사이트입니다. 설정에서 'Free Music Only'를 활성화하면 사용가능한 무료 음원이 나옵니다. 단, 다운로드가 무료라고 해도 사용가능한 범위는 'License'를 확인하셔야 합니다.

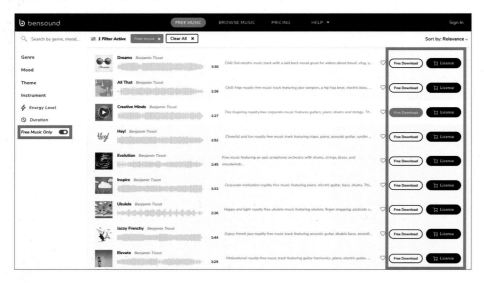

5 _ VITA의 다양한 기능 : 마스크, 스티커, 필터, 애니메이션

마스크

마스크(Mask)는 영상의 한 부분만을 강조해서 보여주거나, 영상 클립위에 다른 소스들을 얹어서, 일부분만을 보여주고 싶을 때 사용하는 기능입니다. 예를 들어, 강의 영상을 만든다면 강의 자료가 나오는 화면위에 강사 얼굴이 동그랗게 표현되는 형태입니다. 아니면 마스크를 이용해서 특정 부분을 강조하고, 텍스트나 효과, 필터 등으로 다양한 재미를 줄 수 있습니다.

1 '편집-맨 우측 마스크' 선택을 하면 다양한 모양의 마스크가 나옵니다.

2 '원형'을 적용하면 영상에 원형 마스크를 제외한 모든 부분이 가려집니다. 원형 마스크는 두 손가락으로 크기, 위치를 조절할 수 있고 불투명도 조절도 가능합니다.

3 앞에서 배웠던 'PIP' 기능을 이용해서 영상위에 얹은 또 다른 영상이나 이미지를 마스크로 할 수 있습니다.

4 'PIP' 메뉴로 소스를 불러옵니다. 원하는 부분에 타임인디케이터를 놓고 '마스크'를 선택합니다. 동일한 방법으로 크기, 위치 등을 조절합니다.

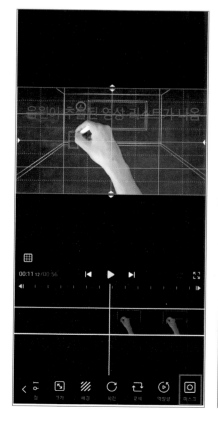
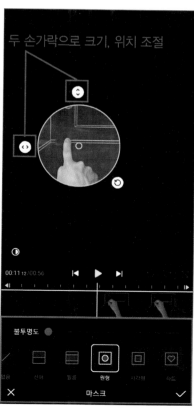

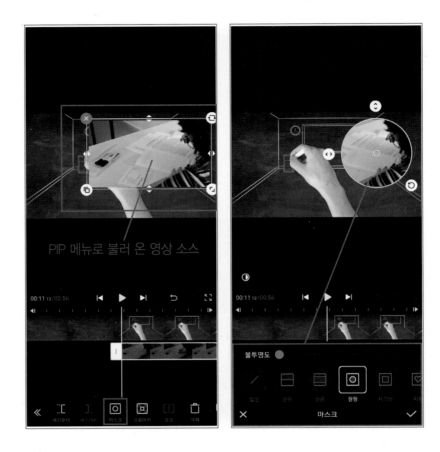

PIP 메뉴로 불러 온 영상 소스

스티커와 필터

1 편집 메뉴에서 '스티커'와 '필터'를 선택할 수 있습니다.

2 '필터'는 최신유행과 90년대, 필름 스타일, 유화, 브이로그 등 영상에 맞게 사용 가능 합니다. 한 번씩 눌러보면 영상에 적용되는 것을 볼 수 있고, 크기와 위치, 각도 등을 조절할 수 있습니다. 일정 부분이나 구간 선택을 해서 간단하게 다양한 흑백 느낌으로 변경도 가능합니다.

3 '스티커' 또한 다양한 스티커와 움직이는 스티커 'GIPHY'를 사용할 수 있습니다.

애니메이션

1 '편집-애니메이션'을 누르면, 프레임 인과 프레임 아웃, 다이나믹이 나옵니다.

2 '프레임 인'을 누르면 영상 처음에 선택한 애니메이션 효과가 들어갑니다. 애니메이션이 지속되는 시간을 조절할 수 있습니다.

3 '프레임 아웃'은 영상 끝 부분에 적용되는 애니메이션입니다. 영상 클립에 붉은색과 푸른색으로 적용된 것이 보입니다.

4 '다이나믹'은 선택된 영상 클립에 원하는 시간만큼 애니메이션이 적용 가능합니다.

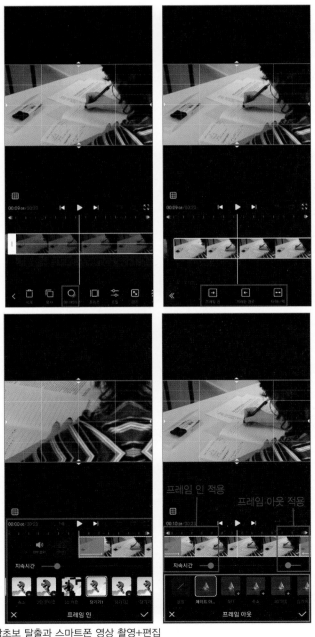

영상 색감 보정하는 방법

VITA 어플은 30여개의 다양한 필터를 제공함으로써 영상에 대한 느낌을 다양하게 만들 수 있게 했습니다. 색에 대한 기본 개념이 없어도 간단한 터치로 색을 변경할 수 있습니다. 조금만 배우면 수동으로 영상 색감을 조절해서 영상을 세련되게 할 수도 있습니다.

(1) VITA에서 제공하는 필터를 이용한 색감 보정

1 VITA를 열고 색감을 보정하려는 영상을 불러옵니다.

2 아래에 있는 편집 메뉴를 오른쪽으로 이동해서 '필터'를 누릅니다.

3 HOT, 90's, 필름, 유화, 풍경, 브이로그, 무드, 인물, 흑백 등 다양한 필터가 제공됩니다.

4 원하는 느낌 필터를 선택하고 적용을 누릅니다.

5 '색감'이라는 별도 항목을 만들어 색감만 바꿀 수도 있습니다.

6 편집 초기화면으로 돌아와 해상도를 결정하고 내보내기합니다.

(2) VITA 기본 보정으로 색감 보정하는 법

1 VITA 어플을 열고 색감 보정할 영상을 불러옵니다.

2 아래에 있는 편집 메뉴를 맨 오른쪽으로 밀면 '조절' 항목이 보입니다.

3 밝기는 영상의 밝기를 조절합니다.

4 대비는 어두운 색은 더 어둡게 밝은색은 더 밝게 명암 차이를 조절하는 항목입니다.

5 채도는 색이 탁한 정도를 조절합니다. 채도를 높이면 색이 살아나지만 과하면 안됩니다. 이 부분을 조절하면 원색들이 조절됩니다.

6 선명하게는 영상을 선명하게 만드는 항목이지만 약간만 조절해야합니다. 많이 조절하면 어색한 느낌의 영상이 됩니다.

7 하이라이트는 영상의 밝은 부분을 조절하는 항목입니다.

8 그림자는 영상의 어두운 부분을 살리고 죽이는 항목입니다.

9 그레인은 일종의 노이즈로 영상에 오래된 느낌을 주기위해 조절합니다.

⑩ 온도는 이미 말씀드린 색온도입니다.

⑪ 틴트는 영상의 색조를 조절하는 항목입니다.

⑫ 흐리게는 영상에 안개를 덧씌운 것처럼 흐리게 만드는 항목입니다.

⑬ 비네트는 프레임 주변에 어두운 효과를 줘서 보는 사람들의 시선이 영상 가운데로 집중되게 만드는 항목입니다.

⑭ '조절' 항목에서 '채도, 온도, 틴트'의 세 항목을 조절하면 색감을 변경할 수 있습니다.

⑮ 표시된 부분을 눌러 원본과 보정 후 비디오를 비교할 수 있습니다.

템플릿으로 다양한 영상 쉽게 만들기

VITA 어플에서는 자체에서 제공하는 무료 템플릿과 사용하는 사람들이 만들어서 올린 템플릿들을 이용해 영상을 만들 수 있습니다. 단 제공되는 템플릿을 이용해서 영상을 만들 경우, VITA 자체 제작 어플은 문제의 여지가 없습니다. 사용자들이 만들어서 올리는 템플릿에 사용된 음악이 상업적으로나, 유튜브에 업로드할 때 저작권 문제가 없는지 반드시 확인해야 합니다. 간혹 업로드 후에 저작권 위반으로 삭제 당하는 경우가 종종 있습니다.

1 VITA 시작 화면 아래쪽에서 '템플릿'을 누릅니다.

2 인기 트랜드, 가사영상, YouTube, 레트로, 박자 영상 등 다양한 종류의 템플릿들을 볼 수 있습니다. 인기 트랜드를 선택합니다.

3 제일 앞에 있는 템플릿을 사용해 보겠습니다.

4 아래 ▯ 부분을 보시면 영상 전체 길이와, 사용된 이미지 수가 나옵니다.

5 '사용하기'를 누릅니다.

6 살펴본 대로 10장의 사진이 필요하다고 했으니 이미지를 선택합니다.

7 템플릿에 사용된 효과가 자동으로 적용됩니다. 편집 첫 화면으로 와서 내보내기합니다.

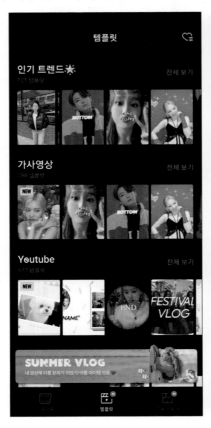 

8 '레트로' 효과 템플릿을 선택합니다.

9 표시된 만큼의 이미지를 선택합니다.

10 효과를 적용하기 전에 각각의 이미지를 눌러서 길이, 효과, 속도, 확대 및 축소 등을 편집할 수 있습니다.

11 템플릿에 있는 효과가 적용 완료된 후에도 각각의 이미지를 편집할 수 있습니다.

12 편집 첫 화면으로 돌아와서 내보내기를 합니다.

영상에 꽃잎이 흩날리거나 반짝이는 효과 만들기

1 영상이 지루하게 느껴진다면 편집 메뉴에서 '효과'를 선택해서, 꽃잎이나 하트가 흩날리거나, 블링블링한 영상과 얼굴 인식 등 다양한 변화를 줄 수 있습니다.

2 VITA를 열어서 편집할 영상을 불러옵니다.

3 아래 편집 메뉴 중 '효과'를 클릭하면, 효과와 얼굴인식이 나옵니다.

4 '효과'를 눌러 파티클과 블링, 얼굴 인식 등을 차례대로 적용을 해봅니다.

5 각각의 이미지마다 효과를 줄 수도 있고, 타임라인 상에서 구간을 나눠서 효과를 적용할 수 있습니다.

6 효과 적용이 완료되면 타임라인에서 효과가 적용된 구간이 보입니다.

7 편집 첫 화면으로 돌아와서 해상도 결정 후 내보내기 합니다.

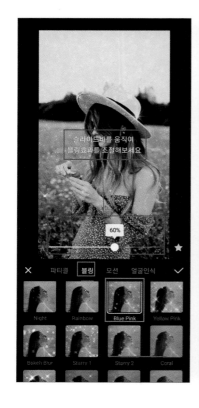

오래된 영화같은 VHS 영상과 YouTuber가 즐겨 사용하는 'REC' 영상 만들기

1 앞에서 배웠던 '효과'의 연장입니다. 레트로한 감성으로 인기를 끌고 있는 VHS(옛날 필름 비디오) 영상과 YouTuber들이 즐겨 사용하고 있는 화면 녹화(REC) 영상입니다.

2 영상을 불러와서 '편집 메뉴-효과'를 선택합니다.

3 오래된 텔레비전 느낌의 'VHS'와 화면녹화를 하는 것 같은 'REC'를 선택합니다.

4 조절바를 움직여 강도를 조절할 수 있습니다. 타임라인에 적용된 효과가 보입니다.

5 오래된 느낌을 더하기 위해 음향효과를 추가해 보겠습니다.

6 '음악 추가'나 '사운드'를 눌러 원하는 음향 효과를 찾아봅니다.

7 전자기기 효과음에서 오래된 영화 필름이 돌아가는 소리를 내는 효과음을 선택합니다.

8 편집 첫 화면으로 돌아와서 '해상도 결정−내보내기'를 합니다.

Doodle로 자연스러운 일상 Vlog처럼 만들기

Doodle은 '낙서, 뭔가를 그적거리다'라는 영어 단어입니다. Doodle 영상이라고 하면 자연스럽게 말하듯이 일상을 보여주는 기법을 말합니다. 요즘 유행하는 Doodle 영상도 간단히 만들 수 있습니다.

1 편집할 영상을 불러와서 편집 메뉴의 '스타일'을 누릅니다..

2 여러 가지 스타일 중 'Doodle'을 선택하고 원하는 스타일을 고릅니다.

3 적용된 효과는 영상에서나 타임라인 상에서 눌러, 텍스트 및 적용된 스티커 등을 편집할 수 있습니다.

4 해상도를 결정한 후 내보내기를 합니다.

6 _ 시선을 사로잡는 인트로 영상 만들기

인트로(Intro) 영상은 영상 앞부분에 배치되어 있는 일종의 간판 역할을 하는 부분입니다. 내내 YouTube 채널의 컨셉과 방향성을 시청자들에게 알려주는 역할을 합니다. 인트로 영상을 앞부분에 배치함으로써 흥미를 이끌어 내고, 시청시간을 늘리는 효과도 얻을 수 있습니다. 초보자들은 영상 촬영과 컷 편집, 자막, 배경음악 등 할 것도 많은데 인트로 영상까지 잘 만들어야 한다는 부담이 있습니다.

이 어려운 인트로 영상을 VITA에서는 간단하게 만들 수 있습니다. 처음에 배웠던 '템플릿'에서 제공되는 많은 무료 템플릿을 사용하면 됩니다. 원하는 템플릿을 선택하고 내가 만든 영상이나 이미지를 넣어주면 간단하게 인트로 영상이 만들어 집니다. YouTube 초보 분들에게는 유용한 기능이라고 할 수 있습니다.

1 VITA 첫 화면에서 아래 부분 중간 '템플릿'을 선택합니다.

2 다양한 템플릿이 나오는데 좌측 아래 부분에 몇 초 영상인지 나옵니다.

3 '사용하기' 버튼을 누르면 대체할 영상을 선택할 수 있습니다. 영상은 미리 준비하는 것이 좋으며 길이는 약간 길게 하는 것이 편집하기 좋습니다.

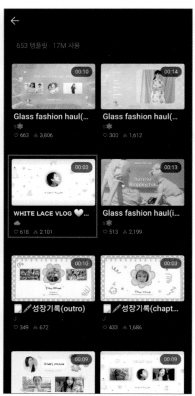

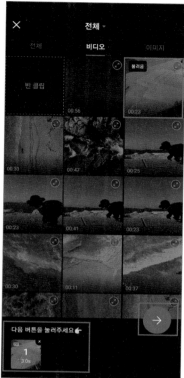

☑ 원래 영상 길이는 고정되어 있습니다.

⑤ 가운데 메뉴 'PIP'를 누르면 영상을 대체하거나 편집할 수 있습니다. 편집에서 영상 선택 부분을 변경할 수 있고, 화면 확대나 축소도 가능합니다.

⑥ 메뉴 오른쪽 '텍스트'를 누르면 인트로 영상에 있는 텍스트를 변경할 수 있습니다.

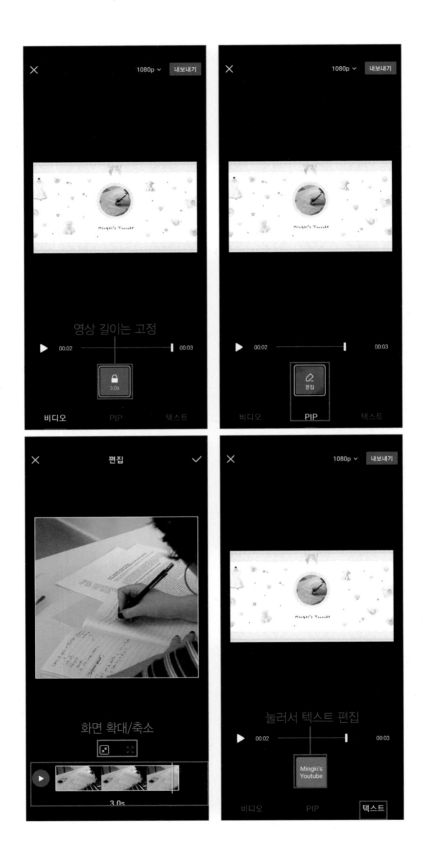

7 _ YouTube용 초간단 썸네일 만들기

YouTube에서 썸네일과 제목은 사람들의 시선을 끄는 요소입니다. 내가 유명한 YouTuber 가 아니라면 썸네일과 제목의 중요성은 더욱 큽니다. 그 중에서 썸네일은 사람들의 시각적 인 요소를 건드리는 것이어서 더욱 중요합니다. 썸네일은 첫 인상이기 때문입니다. 제목에 는 간단하게 '키워드' 하나만 넣어도 유튜브 알고리즘에 잘 걸립니다. 하지만 썸네일이 시청 자들의 클릭을 부르지 못하면 조회 수가 나오지 않습니다.

조금 과장해서 말하면 YouTube는 썸네일이 70~80%를 차지한다고 할 수 있습니다. 내용 이 약간 부족해도 썸네일이 좋으면 사람들의 시선을 끌 수 있습니다. YouTube 썸네일은 다음과 같은 기본을 가지고 만들면 됩니다.

1 YouTube 썸네일은 감성적으로 어필해야 합니다.
2 색은 단순하면서 자막(텍스트)이 돋보이는 색으로 해야 합니다.
3 일반적으로 많이 쓰이는 썸네일 제목용 무료 폰트는 '티몬 몬소리체(눈누 사이트 검색)' 와 'G마켓 산스체, 에스코어 드림체(미리캔버스 무료폰트)'입니다.
4 가장 중요한 부분을 적절하게 한 장의 이미지로 만들어도 됩니다.
5 썸네일 텍스트는 호기심을 불러 일으켜야 하지만 모두 보여줘서는 안 됩니다.
6 썸네일에서 영상의 내용을 충분하게 전달해야 합니다.

VITA로 썸네일 만들기

1 VITA 실행 화면에서 '썸네일'을 선택, 썸네일을 만들 이미지(영상)를 선택합니다.
2 아래 메뉴에, 무료로 제공되는 썸네일 템플릿과 텍스트, 스티커, 프레임, 사진 추가를 통해 썸네일 이미지를 꾸밀 수 있습니다.
3 편집이 완료되면 '저장'합니다.

미리캔버스로 썸네일 만들기

1 썸네일 가독성이 가장 좋은 형태는 단일 색상 바탕에 노란색 또는 흰색 글씨입니다.

2 해상도 설정을 유튜브 썸네일용 '1280 × 720 px'으로 설정합니다.

3 무료로 제공되는(왕관 표시는 유료) 템플릿을 이용해서 만들 수 있습니다.

4 직접 썸네일을 만들 수 있습니다.

5 '텍스트'를 직접 입력하거나, 제공되는 '텍스트 레이아웃'에서 고를 수 있습니다.

6 글자색과 배경색, 글자에 대한 각종 효과를 줄 수 있습니다.

7 편집 완료 후에도 폰트 변경이나 각종 편집을 다시 할 수 있습니다.

8 _ YouTube 동영상 최종 화면에 구독 버튼, 추천 영상 추가하기

YouTube 동영상에 최종화면 추가

이제 YouTube 영상 편집이 끝났습니다. 대부분의 유명 YouTuber들의 영상을 보면 마지막에 시청자들의 클릭을 유도하는 화면이 나옵니다. 좌우측 상단에 다른 영상 링크가 나오는 것을 볼 수 있습니다. 이것을 '최종 화면'이라고 합니다. 최종 화면은 영상 마지막 부분에서 시청자들이 다른 영상으로 빠져 나가는 것을 막고, 내 영상을 보도록 유도해서 조회 수와 시청시간을 늘리는 것입니다.

동영상 강의 QR 코드
https://youtu.be/rIaBhwKQEEQ

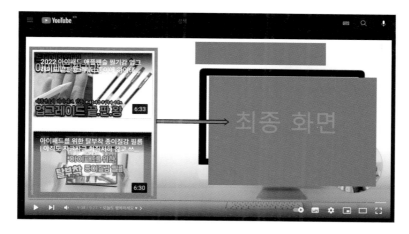

영상 마지막 5-20초 구간에 최종 화면을 추가할 수 있습니다. 최종 화면은 유튜브 스튜디오 (https://studio.youtube.com)에서 만들 수 있습니다.

(1) 참고 사항

• 최종 화면 삽입 영상은 동영상 길이가 최하 25초 이상이어야 합니다.
• 아동용으로 설정된 동영상에는 최종 화면을 사용할 수 없습니다.

(2) 최종 화면 추가하기

1 YouTube 스튜디오 (https://studio.youtube.com)에 로그인합니다.
2 동영상을 새로 올리거나, 수정할 동영상을 선택합니다.
3 동영상 길이(최하 25초 이상)를 확인합니다.

4 '최종 화면 추가'에서 '동영상에서 가져오기' 또는 '추가'를 선택합니다. 내 YouTube 채널에서 시청자에게 맞춘 영상과 최근 업로드 된 영상을 선택 가능합니다.

5 YouTube에서 제공하는 템플릿을 사용합니다. 타임라인의 타임인디케이터는 최종 화면이 재생될 시간에 위치합니다.

6 '구독 유도'버튼 추가로 채널 구독을 유도할 수 있습니다.

7 최종 화면에 추가되는 영상은, '최근 업로드된 동영상, 시청자 맞춤, 특정 동영상 선택'으로 추가 가능합니다.

8 최종 화면 편집이 완료되면 저장을 합니다. 공개 영상에서 최종 화면을 확인합니다.

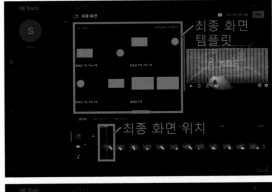

02

새로운 트렌드, YouTube Shorts

YouTube Shorts(유튜브 쇼츠)는 숏폼 콘텐츠입니다. '숏폼 콘텐츠'는 말 그대로 짧은 길이의 영상입니다. 긴 영상을 좋아하지 않는 요즘 젊은 세대와 TicTok의 성장에 위기를 느낀 YouTube에서 적극 밀고 있는 컨텐츠입니다. YouTube Shorts는 가로형 영상보다 3:4

동영상 강의 QR 코드
https://youtu.be/R1P7BlALTJY

또는 9:16의 세로형 영상으로 만드는 것이 좋습니다. YouTube Shorts는 스마트폰에서 간단하게 촬영 및 편집으로 업로드 할 수 있습니다.

1 _ YouTube Shorts를 해야만 하는 이유

- 잘 만든 YouTube Shorts로 인해 노출이 늘면서 시청자 층의 도달 범위가 넓어집니다.
- YouTube Shorts로 인해 내 채널에 트래픽(유입)이 늘어나고 시청시간이 늘어납니다.
- 구독 시간과 구독자 수를 늘리려면 YouTube Shorts가 답입니다.
- 단, YouTube를 통한 비즈니스를 생각하시다면 Shorts가 독이 될 수 있습니다.

2 _ YouTube Shorts 만들 때 주의점

- 영상 길이를 15초 또는 60초 이내로 만들어야 합니다
- 스마트폰에서 보기에 편한 3:4 또는 9:16의 세로 영상이어야 합니다.
- 태그에 '#Shorts'를 꼭 넣어 줍니다.
- YouTube Shorts는 스마트폰 YouTube 어플에서 만들 수 있습니다. 이미 촬영된 영상 클립을 사용하거나 되부 어플에서 만든 영상을 사용할 수 있지만 YouTube 어플에서 만드는 것이 편합니다.

3 _ YouTube Shorts 만들기

❶ YouTube 어플을 실행하고 '추가(⊕)'를 누르면 'Shorts 동영상 만들기'가 나옵니다.

❷ Shorts 화면 구성

- 사운드 추가 : 영상에 삽입할 배경음악을 추가합니다.
- 뒤집기 : 카메라를 전, 후면으로 전환합니다.
- 속도 : 녹화 속도를 0.3~3배 사이로 설정합니다.
- 타이머 : 녹화 시작 시간을 설정합니다.
- 갤러리에서 영상을 추가할 수 있습니다.
- 영상 길이를 15초 또는 60초로 변경할 수 있습니다.

3 녹화가 완료되면 편집 기능을 사용할 수 있습니다.

- '사운드' 추가로 사운드 길이와 구간 설정을 합니다.
- '사운드'를 실행하면 '조정' 버튼이 생깁니다. 이 버튼으로 배경음악이 시작되는 위치를 변경할 수 있습니다.
- '텍스트'를 눌러 원하는 텍스트를 넣을 수 있으며, 텍스트 레이어는 여러 개 만들 수 있습니다.
- '필터'까지 적용하면 Shorts 제작이 완료됩니다.

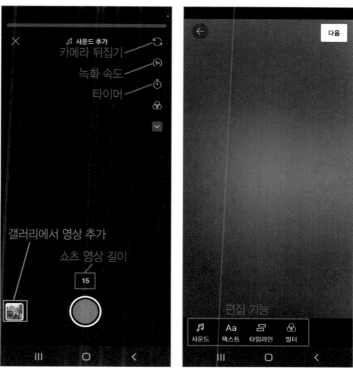

- Shorts 제작이 끝나면 동영상 업로드를 합니다. 이때 동영상 설명을 추가할 수 있습니다. 주의할 점은 '시청자층'은 반드시 '아동용 동영상 아님'에 체크하시고 연령 제한도 풀어주셔야 합니다.

4 _ 다양한 느낌의 Shorts, TikTok, 릴스 만들기

1 VITA에 올라와 있는 '템플릿'을 이용해서 다양한 Shorts나 TikTok, Reels 영상을 만들 수 있습니다.

2 VITA를 열고 첫 화면 아래쪽 가운데 있는 '템플릿'을 클릭합니다.

3 인기 트렌드 템플릿부터, YouTube나 가사영상, 생일 축하, 인스타 릴스, TikTok 등 다양한 템플릿이 제공됩니다.

4 원하는 템플릿 항목에 들어가서 원하는 효과를 선택합니다.

5 템플릿에 적용된 수만큼의 영상 클립이나 이미지를 선택하면 자동 적용됩니다.

6 텍스트 및 효과는 영상이나 타임라인 상에서 각각 편집 가능합니다.

7 편집 첫 화면으로 돌아와서 해상도 결정 후 내보내기를 합니다.

③ YouTuber가 알아야 할 저작권

1 _ YouTube 저작권

저작권이란 창작물을 만든 저작자가 자기 저작물에 대해 가지는 배타적인 법적 권리입니다. 물건에 대한 권리처럼 저작자가 만들어 낸 표현에 대해 가지는 권리입니다. 이런 결과물을 '저작물'이라고 하며, 저작권 소유자는 타인에게 저작물의 이용을 허락할 수 있습니다.

창작물이란, 창작성이 있는 저작물을 말합니다. 창작성이 있는 저작물이란 독창성이 완전하게 요구되는 것은 아닙니다. 남의 것을 단순하게 베끼는 것이 아니라 창작자(작가)의 독자적인 사상, 감정 표현을 담고 있는 작품이 창작물입니다.

크리에이터는 자신이 제작했거나 사용 승인을 받은 동영상만 업로드해야 합니다. 자신이 제작하지 않은 동영상을 업로드하거나 다른 사람이 저작권을 소유한 콘텐츠(음악 트랙, 저작권이 보호되는 프로그램의 일부, 다른 사용자가 만든 동영상)를 승인 없이 동영상에 사용하면 안 됩니다.

- 저작권은 창작만으로도 별도의 등록 절차 없이 저작권이 성립됩니다.
- 저작권은 저작물에 포함된 아이디어, 사실, 절차 등을 보호하는 것이 아니라, 저작물에서 구체적으로 표현된 표현만을 보호합니다.
- 저작권은 국제적으로 보호받을 수 있는 권리입니다.

- YouTube 동영상 제작할 때 사용되는 배경음악, 이미지, 영상 클립, 폰트 등의 저작물을 원저작자 동의 없이 무단으로 사용하면 '저작권 침해 행위'입니다.
- 모든 저작물에 원저작자가 설정한 사용 한계(아래의 CC 라이선스)를 준수해야 합니다.
- 온라인상에 유통되는 방송 짤 등은 방송사에서 광고 목적으로 묵인하는 것이지 절대 저작권을 허용하는 것이 아닙니다. 원저작자가 문제 삼는다면 언제든지 저작권에 걸립니다.
- VITA에서 무료로 제공되는 사용자들이 만든 템플릿에서 사용되는 배경음악(BGM)의 경우, 저작권 침해 사례가 많으므로 주의해야 합니다.
- 가장 안전한 방법은 무조건 본인이 창의적으로 직접 제작한 영상이어야 합니다.

저작권 적용되는 저작물 범위

- TV 프로그램, 영화, 온라인 동영상 등의 시청각 작품
- 음원 및 음악 작품
- 강연, 기사, 도서, 음악 작품 등의 저술 작품
- 그림, 포스터, 광고 등의 시각 작품
- 비디오 게임 및 컴퓨터 소프트웨어
- 연극, 뮤지컬 등의 작품
- 아이디어, 사실, 절차, 이름 및 제목은 저작권 보호대상이 아닙니다.

저작권 침해 없이 저작권을 사용하려면

(1) 공정 사용(Fair Use)의 준수

공정 사용이란 특정 상황에서 저작권 소유자의 허가 없이 저작권 보호 자료를 재사용할 수 있는 미국 법규입니다. 저작물을 저작권자의 허락 없이 사용할 수 있는 예외적인 경우를 말합니다. 공정 사용의 범위는 정해져 있습니다.

1) 저작권법 제 35조의 3(저작물의 공정한 이용)
- 저작물의 통상적인 이용 방법과 충돌하지 아니하고 저작자의 정당한 이익을 부당하게 해치지 아니하는 경우에는 저작권을 이용할 수 있다.
- 저작물 이용 행위가 제 1항에 해당하는지를 판단할 때에는 다음 각 호의 사항 등을 고려하여야 한다.

- 이용의 목적 및 성격
- 저작물의 종류 및 용도
- 이용된 부분이 저작물 전체에서 차지하는 비중과 그 중요성
- 저작물의 이용이 그 저작물의 현재 시장 가치 또는 가치나 잠재적인 시장 또는 가치에 미치는 영향

2) 공정 사용에 있어서 주의할 점

- 작품 비평, 교육, 뉴스 보도 등의 목적으로 저작물을 가져와서 변형 사용하는 경우는 사용 가능합니다. 이것을 2차 창작물이라고 합니다.
- 2차 창작물에 사용되는 원저작물은 짧게 사용할수록 공정 사용에 가깝습니다.
- 홍보가 목적인 영화 예고편, 홍보 영상, 기술 자료 등의 저작물은 홍보 자료를 사용하는 것이 공정 사용에 가깝습니다.
- 원본 저작물을 변형해서 주제가 달라진 2차 창작물이 공정 사용에 가깝습니다.
- 영상에 원본 저작자와 이름, 제작사, 제목, 출판사, 웹 주소 등 출처를 반드시 밝혀야 합니다.
- 공정 사용이라고 하더라도 원저작자가 저작권 침해를 이유로 법적 조치를 취하면, 공정 사용이 성립되기 어렵고 저작권 침해가 될 확률이 높습니다.

(2) Creative Commons License 기준 충족

웹 사이트나 블로그 등에서 'All rights reserved'라는 문장을 자주 보셨을 겁니다. 이 말은 저작권이 있으니까 함부로 사용하면 안 된다는 말입니다. 저작권에 대한 관련 법규가 강화되다 보니, 저작권에 대한 허락 없이 자유롭게 이용하자는 운동이 일어났는데 이것이 'Creative Commons' 줄여서 'CC'라고 합니다.

크리에이티브 커먼즈 라이선스는 콘텐츠를 만든 사람이 자신의 저작물을 다른 사람들이 자유롭게 이용할 수 있도록 허락하는 라이선스입니다. YouTube는 제작자가 동영상에 크리에이티브 커먼즈 (CC BY)라이선스를 표시할 수 있도록 허용하고 있습니다. 크리에이티브 커먼즈 라이선스는 100% 직접 창작한 컨텐츠에만 사용할 수 있습니다.

1) 크리에이티브 커먼즈 표시 대상

- 직접 만든 컨텐츠
- CC BY 라이선스로 표시된 다른 동영상
- 공개 도메인에 있는 동영상

2) 크리에이티브 커먼즈(CC) 라이선스 종류 및 한계

CC라이선스	이용 조건/한계
저작자 표시 (CC BY)	• 복사 및 배포를 할 수 있습니다(반드시 저작자 및 출처 표시) • 상업적 이용이 가능합니다. • 저작물을 변경하거나, 이용해 2차 저작물을 만들어도 됩니다. • 2차 저작물의 라이선스를 자유롭게 선택해도 됩니다. • 저작자 및 출처만 표시하면 제한없이 자유롭게 이용 가능합니다.
저작자 표시-비영리 (CC BY-NC)	• 복사 및 배포를 할 수 있습니다(반드시 저작자 및 출처 표시) • 저작물을 변경하거나, 이용해 2차 저작물을 만들어도 됩니다. • 2차 저작물의 라이선스를 자유롭게 선택해도 됩니다. • 상업적 이용이 불가능합니다.
저작자 표시-변경금지 (CC BY-ND)	• 복사 및 배포를 할 수 있습니다(반드시 저작자 및 출처 표시) • 상업적 이용이 가능합니다. • 이 저작물을 변경하거나, 이용해 2차 저작물을 만들면 안됩니다.
저작자 표시-동일조건 변경허락 (CC BY-SA)	• 복사 및 배포를 할 수 있습니다(반드시 저작자 및 출처 표시) • 상업적 이용이 가능합니다. • 저작물을 변경하거나, 이용해 2차 저작물을 만들어도 됩니다. • 2차 저작물에 원저작물과 동일한 라이선스를 적용해야 합니다.
저작자 표시-비영리-동일조건 변경허락 (BY-NC-SA)	• 복사 및 배포를 할 수 있습니다(반드시 저작자 및 출처 표시) • 저작물을 변경하거나, 이용해 2차 저작물을 만들어도 됩니다. • 상업적 이용이 불가능합니다. • 2차 저작물에 원저작물과 동일한 라이선스를 적용해야 합니다.
저작자 표시-비영리-변경 금지 (BY-NC-ND)	• 복사 및 배포를 할 수 있습니다(반드시 저작자 및 출처 표시) • 상업적 이용이 불가능합니다. • 이 저작물을 변경하거나, 이용해 2차 저작물을 만들면 안됩니다.

3) CC0 : 퍼블릭 도메인(Public Domain)

- 공개 도메인은 법률에 의해 허용되는 최대한도로 저작권과 저작인접권을 포기한다는 권리자의 의사 표시입니다.
- 내 저작물을 아무 조건없이 누구나 사용할 수 있게 하고 싶다면, CC0을 적용해서 퍼블릭 도메인으로 공개할 수 있습니다.

- 퍼블릭 도메인은 저작권 보호기간이 지나서 저작권이 만료된 저작물 또는 저작권자가 저작권을 포기한 저작물을 말합니다.
- CC0과 퍼블릭 도메인은 동급이라고 볼 수 있습니다.

(3) YouTube에서 저작권 침해로 '저작물 게시중단 법적 요구'를 받았을 경우

해결 방법	내 용
1. 경고 소멸 대기	• 경고는 90일이 지나면 자동 소멸 • 첫 경고라면 YouTube '저작권 학교'를 수료
2. 신고 철회 요청	• 동영상 소유권을 주장한 사용자에게 연락해서 저작권 침해 신고 철회 요청
3. 반론 통지 제출	• 동영상이 저작권 침해로 잘못 인식되어 YouTube 실수로 삭제되었거나, 공정 사용에 해당한다고 생각하는 경우 반론 통지 제출 • 공정 사용의 경우 : 학교 교육 목적 등에의 이용, 영리를 목적으로 하지 아니하는 공연·방송

(4) 소유권 제기에 대한 이의제기 및 반론 통지 제출 방법

1) 소유권 주장에 대한 이의 제기

YouTube 업로드한 동영상에 대해, 저작권 보호를 받는 컨텐츠가 포함되었다고 하는 Content ID 소유권 주장이 제기될 수 있습니다. 이 소유권 주장에 대해 이의제기를 하면 저작권 소유자에게 알림이 전송됩니다. 저작권 소유자는 30일 이내에 응답해야 합니다.

- YouTube 스튜디오에 로그인해서 왼쪽 메뉴에서 '콘텐츠'를 선택합니다.
- 필터 표시줄을 클릭하고 '저작권 침해 신고'를 클릭합니다.
- 저작권 침해가 된 영상이 표시됩니다.
- '세부 정보 보기'를 클릭, '작업 선택 '이의제기'를 클릭합니다.
- 이의 제기가 제출될 경우 저작권 소유자는 30일 내에 응답해야 합니다. 저작권 소유자는 소유권 주장 취소, 소유권 주장 복고, 동영상 게시 중단, 아무런 조치를 취하지 않고 소유권 주장이 만료(30일 경과)되도록 하는 등의 조치를 취해야 합니다.

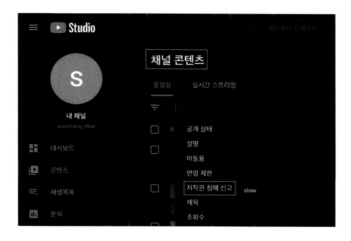

2) 저작권 반론 통지 제출

저작권 소유자의 승인 없이 YouTube에 저작권 보호 컨텐츠를 업로드하면 게시가 중단될 수 있습니다. 동영상 게시 중단 조치가 잘못되었다고 생각되면 '저작권 반론 통지'를 제출할 수 있습니다. 반론 통지는 저작권 침해가 의심되어 게시 중단된 동영상을 YOuTube가 복원해 줄 것을 요구하는 법적 요청입니다.

- 이의 제기와 동일하게 'YouTube 로그인-콘텐츠 선택-필터/저작권 침해 신고'를 선택
- 세부정보 보기를 클릭합니다. '조치-작업 선택'반론 통지 제출'를 클릭합니다.
- 반론 통지를 제출하기 전에 다음의 사항을 확인합니다.
  - 콘텐츠 소유자에 대한 증명
  - 타인의 저작물을 사용했다면 해당 저작물을 사용할 라이선스 또는 허가를 받았다는 증거 보유 여부
  - 컨텐츠 사용 사례가 공정 사용 또는 이와 유사한 저작권 예외가 적용되는 사례인가?
  - 공개 도메인에 속한 컨텐츠인가?
- 신고자는 저작권법에 따라 영업일 기준 10일 이내에 반론 통지에 회신해야 합니다.

YouTube 저작권에 대한 오해

질 문	답 변
1. 저작권 소유자를 밝히기만 하면 소유자의 컨텐츠를 사용할 수 있다?	저작권 소유를 명시한다고 해서 저작물 사용권리가 자동으로 부여되는 것은 아닙니다.
2. '비영리'를 명시하면 어떤 컨텐츠라도 사용할 수 있다?	저작권 보호 저작물을 통한 수익 창출을 시도하지 않아도 저작권 침해신고 대상이 될 수 있습니다.
3. 다른 크리에이터가 사용하면 나도 할 수 있다?	내 동영상과 유사한 동영상이 있다고 해서 해당 컨텐츠를 게시할 권리를 갖는 것은 아닙니다.
4. iTunes에서 구입한 컨텐츠, CD 또는 DVD를 사용할 수 있다?	컨텐츠를 구매했다고 해서 구매한 컨텐츠를 YouTube에 업로드할 권한을 소유하는 것은 아닙니다.
5. '저작권 침해 의사 없음'이라고 명시하면 된다?	면책 조항을 명시한다고 해서 저작권 소유자로부터 컨텐츠 게시에 대한 허락을 받았음을 의미하지 않습니다.
6. 저작권 보호 컨텐츠를 몇 초 정도만 사용하는 것은 무방하다?	**단 몇 초일지라도 저작권 보호 컨텐츠를 허가없이 사용하면 저작권 소유자에 의해 게시가 중단될 수 있습니다.**
7. TV, 라디오, 영화관에서 직접 녹화/녹음한 컨텐츠는 사용할 수 있다?	컨텐츠를 직접 녹화했다고 해서 YouTube에 업로드할 권리를 소유했다고 볼 수 없습니다.

2 _ 질문과 답변으로 알아보는 저작권

질문 1. 저작권 침해 유형은 어떤 것들이 있나요?

답변 : 저작권 침해 사례는 다양하게 많습니다만 여기서는 YouTube에 한해서 알아보도록 하겠습니다(저작권의 기본은 '모든 권리는 원 저작자에게 100% 귀속한다'입니다).

(1) 음원 도용

　1) 타인의 음악을 원 저작자 허가 없이 내 영상에 사용하는 것

　2) 브이로그 촬영 중 길거리에서 들려 온 음악이 내 영상에 삽입된 것을 지우지 않고 그대로 두었을 경우. 단, YouTube에서는 2022년 하반기부터, TikTok에 대응해서 Shorts를 활성화 할 목적으로, 5초 이하의 짧은 삽입이나 다른 사람의 영상 · 음악을 5초 이하로 캡처해서 편집에 사용한 경우 예외로 허용합니다.

(2) 방송사에서 중계하는 스포츠 경기 영상을 그대로 올리거나, 하이라이트로 편집해서 올리는 행위, 드라마나 예능 프로그램을 편집하거나 그대로 올리는 행위 모두 침해에 해당합니다. 기존에 올라와 있는 방송 프로그램 영상들은, 방송사에서 홍보에 도움이 된다고 판단해서 그대로 두는 것이지, 저작권 침해에 해당합니다. 게임 화면을 사용해서 컨텐츠를 만들어도 저작권 침해에 해당합니다.

(3) 계획적이고 의도적인 저작물 배포를 통한 침해 : 저작권 침해 내용을 일부러 고지하지 않고, 고소를 하기 위해서 계획적으로 이미지 · 폰트 등의 저작물을 무료인 것처럼 배포하는 경우

(4) 이미지나 글의 출처 표시는 기본입니다만 출처를 표시해도 저작권 침해에 해당합니다. 반드시 저작권자의 동의가 있어야 합니다.

(5) 저작자 사후 70년이 지난 시점부터 저작권은 소멸됩니다. 하지만 이런 경우에도 2차적 저작물로 될 수 있기 때문에 주의해야 합니다.

(6) 음원사이트에서 구입한 음원을 사용하거나 30초미만 음원사용도 저작권 위반 소지가
충분합니다. 직접 구입을 했더라도 재사용하려면 원 저작자의 허가가 필요합니다. 30초
미만의 경우에도 공정 이용 목적으로 참고하거나 교육·소개·인용할 경우 허용될 수도
있지만, 공정 이용의 한계가 불분명하므로 조심해야 합니다.
1) 공정 이용이 적용되는 저작물의 적법한 활용 범위
저작권법 제24조의2 (공공저작물의 자유 이용)
저작권법 제25조 (학교교육 목적 등에의 이용)
저작권법 제29조 (영리를 목적으로 하지 않는 공연·방송)의 경우에 원 저작물을 번역·
편곡·개작 등으로 이용 가능합니다.

질문 2. 저작권을 침해하게 된다면 어떻게 되나요?

답변 : 저작권 침해는 국제적으로 처벌 받을 수 있습니다.

저작권은 창작만으로 별도의 절차 없이 성립되는 국제적인 권리입니다. 저작권은 저작물에
포함된 아이디어나 사실, 절차 등의 추상적 요건을 보호하는 것이 아니라, 저작물에 표현된
구체적인 표현만을 보호합니다. YouTube 동영상 제작할 때 사용되는 배경음악, 이미지,
영상 클립, 폰트 등의 저작물을 원저작자 동의 없이 무단으로 사용하면 '저작권 침해 행위'
입니다.

(1) 저작물 이용자의 출처 명시 의무 위반

저작권법 제 138조 제 2호 : 저작물을 이용하는 사람의 출처 명시 의무(저작권법 제 37조)
를 위반하면 500만 원이하의 벌금을 부과 받습니다.

(2) 저작권법 위반행위에 대한 벌칙

저작권 침해는 기본적으로 친고죄, 즉 저작권자가 고소를 해야 기소 및 처벌이 가능합니다.
다만 영리를 목적으로 또는 상습적으로 저작권을 침해하는 경우에는 저작권자 고소가 필요
없는 경우가 있습니다.

1) 저작권법 제 136조 제1항 : 다음의 어느 하나에 해당하는 사람은 5년 이하의 징역 또는 5천만 원이하의 벌금을 부과 받거나 징역의 처벌을 함께 받을 수 있습니다.

- 저작재산권, 그밖에 「저작권법」에 따라 보호되는 재산적 권리(「저작권법」 제93조에 따른 권리는 제외)를 복제 · 공연 · 공중송신 · 전시 · 배포 · 대여 · 2차적 저작물 작성의 방법으로 침해한 사람
- 「저작권법」 제129조의3제1항(비밀유지명령)에 따른 법원의 명령을 정당한 이유 없이 위반한 사람

2) 저작권법 제 136조 제2항 : 다음 어느 하나에 해당하는 사람은 3년 이하의 징역 또는 3천만 원이하의 벌금을 부과 받거나 징역의 처벌을 함께 받을 수 있습니다.

- 저작인격권을 침해하여 저작자의 명예를 훼손한 사람
- 저작권의 권리등록, 저작권의 권리변동 등록을 거짓으로 한 사람
- 보호되는 데이터베이스 제작자의 권리를 복제 · 배포 · 방송 또는 전송의 방법으로 침해한 사람
- 복제 · 전송자의 정보를 제공받은 경우 그 정보를 청구 목적 외의 용도로 사용한 사람
- 업으로 또는 영리를 목적으로 저작권법 제 104조의3 제1항 또는 2항을 위반한 자

3) 형사소송법 제 230조 : 고소권자(저작권자 등)는 특별한 경우를 제외하고는 해당 저작권이 침해됨을 안 날로부터 6개월 이내에 형사 고소하여야 한다.

질문 3. 불법복제물을 단순 소지하고 있다면 이것도 저작권 침해가 될 수 있나요?

답변 : 저작권 침해죄에 해당하기 위해서는 저작물을 복제 · 공연 · 공중송신 · 전시 · 배포 · 대여 · 2차적 저작물 작성의 방법으로 이용하였음이 전제되어야 하기 때문에, 단순 복제물 소지는 저작권 침해가 아닙니다. 단, 저작권법은 '침해간주 규정'을 두어서, 직접적으로 저작권을 침해하지 않더라도 침해에 상당하는 행위 역시 침해행위로 간주함으로써 저작권자 권리 보호에 힘쓰고 있는데, 불법복제물 소지죄가 여기 해당합니다. '불법복제물 소지죄'는 불법 복제물임을 알면서도 그 복제물을 배포할 목적으로 소지하고 있어야 합니다.

질문 4. 다른 사람의 그림 · 노래 · 영상 등을 복제하거나 배포 또는 대여하여 2차적 저작물 작성으로 침해하면 어떻게 되나요?

답변 : 원 저작물을 번역 · 편곡 · 변형 · 각색 · 영상제작 그 밖의 방법으로 작성한 창작물을 '2차적 저작물'이라 합니다(한국저작권위원회). 이런 경우에는 5년 이하의 징역 또는 5천만 원이하의 벌금에 처해질 수 있습니다(저작권법 제 136조 제1항).

질문 5. 저작권 침해를 피하려면 어떻게 해야 하나요?

답변 : 저작권 핌해를 피하는 방법은 따로 없습니다. 원 저작자의 동의 및 허가가 필요합니다. 또한 저작권에 대한 철저한 이해와 학습을 하고 항상 주의해야 합니다. 이미지나 영상 소스, 폰트 등은 개별 구매보다 저렴한 멤버쉽(월간/연간) 유료 구매를 추천합니다. 국내 자료와 폰트, 소스 등은 '공공누리 사이트(https://www.kogl.or.kr/index.do)에서 구할 수도 있습니다.

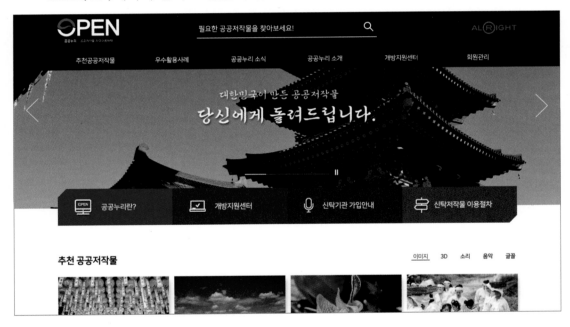

질문 6. 좋아하는 가수의 노래를 불러서 올리는 것은 괜찮을까요?

답변 : 유튜브에서 유행하는 '커버 영상'이 해당됩니다. 이것 또한 원래는 저작권 침해입니다. 만약에 원 저작자가 Content ID 소유권을 주장하게 되면, 저작권자와 수익을 공유하거나 영상 게시가 중지될 수 있습니다.

질문 7. 유명한 그림이나 다른 사람의 그림을 따라 그리는 영상을 올리는 건 어떤가요?

답변 : 원 저작자의 허락 없이 그대로 그렸거나, 원본과 별 차이가 없다면 저작권 침해기 될 수 있습니다. 그대로 그렸다면 반드시 원 저작자의 허가를 받아야 합니다.

질문 8. 영상에 사용되는 '음원 저작권'을 문제없이 사용하는 방법은 없나요?

답변 : YouTube는 자체적으로 영상과 음성을 인식하고 스캔하는 필터링 기능이 있습니다. 이 필터 기능을 통해 저작권 문제가 있는 영상들을 전부 찾아냅니다. 만약 저작권이 있는 음원을 사용하게 되면, 영상 시청을 통해서 얻어지는 모든 수익이 음원 저작자에게 모두 돌아갑니다.

(1) 음원 저작권 문제없이 사용하는 방법

1) 원 저작자에게 라이선스를 취득해서 사용해야 합니다. 하지만 라이선스 취득 과정이 복잡하고 YouTube에, 내가 원 저작자에게 라이선스를 취득했으니 '발생되는 이익을 나에게 귀속시켜라'라는 조치를 해야 합니다.

2) YouTube Audio Library의 사용 : YouTube Audio Library는 YouTube Studio에서 제공하는 무료음원입니다(3일차 1 참고). 내 채널의 목록 중에 '오디오 보관함'에 들어가면 다양한 무료 음원들을 제공하고 있습니다.

3) 최고의 방법은 유료 음원 정기 결제를 이용하는 것입니다.

(2) 저작권 있는 음원인지 확인하기

영상을 클릭해서, 영상을 올린 사람 바로 밑에 있는 '더보기'를 누릅니다. 영상에 사용된 음원 출처가 나오거나 라이선스 표시가 나옵니다.

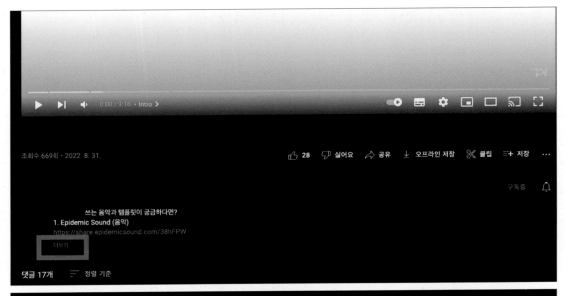

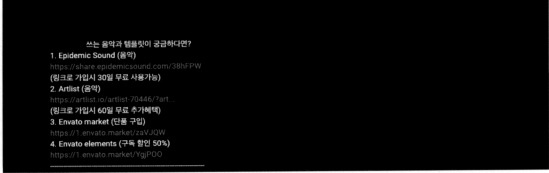